大崎百紀

いつかまた、ここで暮らせたら

朝日新聞出版

いつかまた、ここで暮らせたら

カバーイラスト
hisa-nishiya／matsu／Adobe Stock

装丁
bookwall

はじめに

私は今、父と母を介護している。

父（90歳。要介護3）は加齢により発症する「骨髄異形成症候群《こつずいいけいせいしょうこうぐん》」という病が悪化して白血病となり、極度の貧血のため輸血でなんとか命を繋いでいる。2022年の6月に有料老人ホームに入ったが、通院などで外出すると、「ホームになんか、暮らしていないよ？　今は家に暮らしているよ、違ったかな？」とぼんやり言う。認知症が進み、少し前の記憶もない。ただ寂しいとか、嬉しいとか、そういう感情は冴えていて、便で汚れたリハビリパンツの交換や、手洗い誘導や着替え時など、介助のたびに「どうもすみません」と小さくなる。そんな父が少しでも、施設で安心して笑顔で暮らせるようにと、私はできる限り足を運び、居室でたわいのない会話を楽しんでいる。

母（84歳。要介護5）は療養型病院に入院中だが、看取りを前提に、近く退院する予定だ。転倒を繰り返した末に歩けなくなり、寝たきりとなった。今はＡＤＬ（食事や排泄、移動など日常生活を送るために必要な活動能力）が低下し、拘縮も進み、腕力も脚力も落ち、寝返りすらうてなくなった。尿意便意もなく、自力排泄も困難。23年春にはコロナになり、3カ月間急性期病院に入院。それを機に嚥下《えんげ》機能が極端に落ちて経口摂取が困難となり、医師から延命治療の決断を迫られた。かなり悩んだ末に、静脈に直接栄養を入れる「中心静脈栄養」を始めた。今は管からの栄養で生きている。

5年前までは二人で力をあわせて、なんとか家で暮らしていた。老老介護生活がきわどくなってきても、「人生最後まで家で暮らしたい」という両親の強い願いを叶えるために、私も二人の生活に介入し、介護保険をフルに使いながら近所の人も巻き込んで、頑張ってきた。しかしそれにも限界がきて、4年前に、「施設暮らしは絶対に嫌」と言う両親を説得し、特別養護老人ホーム（以下、特養。正式名は「介護老人福祉施設」）に入れた。しかし1年も経たずに二人とも退所した。その後は、看護小規模多機能型居宅介護のサービスを使いながら在宅介護に戻すも、二人揃ってコロナで入院。退院後は、有料老人ホームや老人保健施設に入居するなど、それぞれが新しい場所で、新しい人に支えられて、なんとか生きてきた。そして今、命の崖っぷちのところに立っている。

二人を見ていると、生きるのも死ぬのも大変だなぁと思う。介護されるのも、介護するのも苦しいことに溢れている。それでもお互いにここまでやってこられたのは、「もうちょっと一緒にいたいから」という強い思いがずっとあったからだ。

介護なんてまったくの無縁で、旅をして自由気ままに生きてきた私が、自由の利かない介護生活を始めるようになり、いつの間にか介護福祉士養成校（専門学校）に2年通い、介護福祉士になった。

この一冊は、そんな私の現在進行形の介護体験記だ。

介護保険制度の仕組みや、その使い方にも少し触れた。介護中や、これから介護を始める方や、介護の現場で働く方々のお役に立てればと、思っている。この本が書店に並ぶ2024年の1月に、父と母がこの世にいることを祈って。

第三章　施設暮らしのはじまり　46

第五章

最終章　いつまで生きてくれますか

第一章　介護保険を使い始める

子どもの世話にはなりたくない

２０００年に始まった介護保険は、介護が必要となる状態になっても安心して生活を送ることができるよう、高齢者や障害者を社会で支える仕組みだ。核家族化の進行や、介護する家族の高齢化、介護を必要とする期間の長期化などを背景に誕生した。サービスを受ける（給付を受ける）には、事前に要介護状態あるいは要支援状態かどうかの判定を受ける必要がある。

介護認定には、要支援１から要介護５までの７段階の区分があり、認定調査を経て決定した区分によって、介護保険適用の支給限度基準額（厳密にいえば単位）が決まる。

最も介護の必要性の低い区分が要支援１で、最も高いのが要介護５。限度額は７倍ぐらい違う。これも自分でできることがあれば、なるべく自立した生活を続けられるよう

介護サービスを受けるまでの流れ

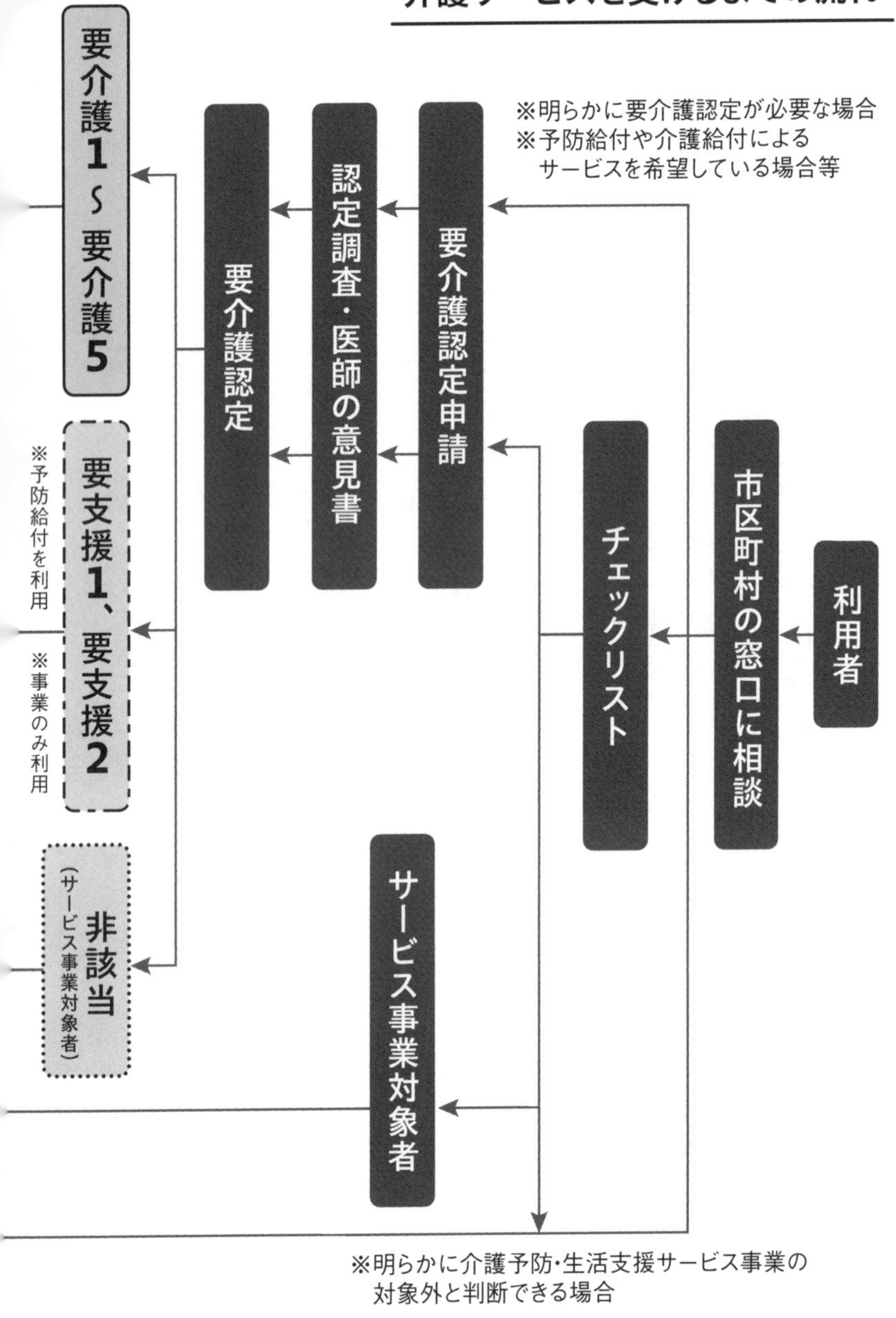
利用者
市区町村の窓口に相談
チェックリスト
※明らかに要介護認定が必要な場合
※予防給付や介護給付によるサービスを希望している場合等
要介護認定申請
認定調査・医師の意見書
要介護認定
要介護1～要介護5
要支援1、要支援2
※予防給付を利用
※事業のみ利用
非該当
（サービス事業対象者）
サービス事業対象者
※明らかに介護予防・生活支援サービス事業の対象外と判断できる場合

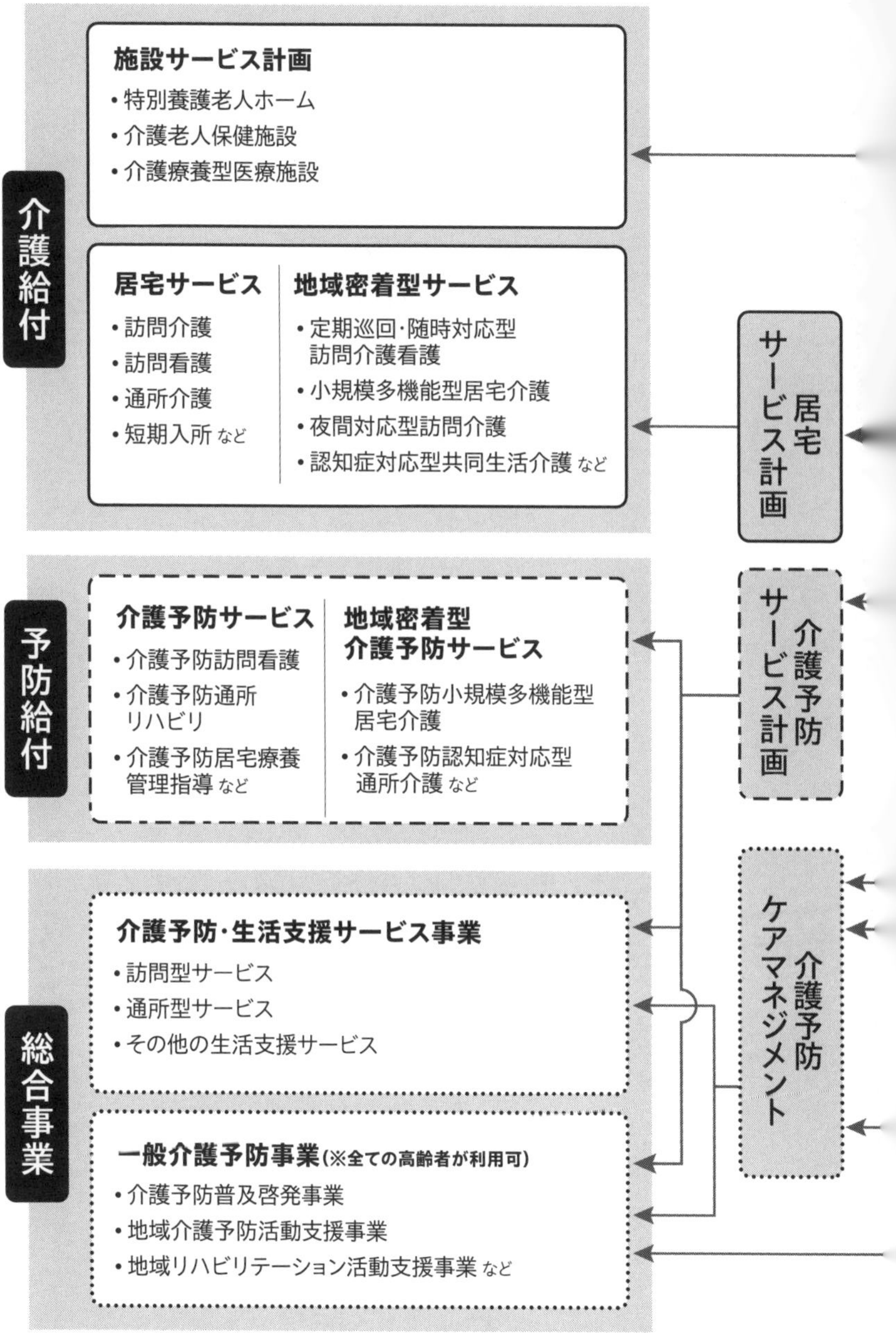
介護給付
施設サービス計画
・特別養護老人ホーム
・介護老人保健施設
・介護療養型医療施設
居宅サービス
・訪問介護
・訪問看護
・通所介護
・短期入所 など
地域密着型サービス
・定期巡回・随時対応型訪問介護看護
・小規模多機能型居宅介護
・夜間対応型訪問介護
・認知症対応型共同生活介護 など
居宅サービス計画
予防給付
介護予防サービス
・介護予防訪問看護
・介護予防通所リハビリ
・介護予防居宅療養管理指導 など
地域密着型介護予防サービス
・介護予防小規模多機能型居宅介護
・介護予防認知症対応型通所介護 など
介護予防サービス計画
総合事業
介護予防・生活支援サービス事業
・訪問型サービス
・通所型サービス
・その他の生活支援サービス
一般介護予防事業(※全ての高齢者が利用可)
・介護予防普及啓発事業
・地域介護予防活動支援事業
・地域リハビリテーション活動支援事業 など
介護予防ケアマネジメント

※厚生労働省の資料をもとに作成

に、という視点が反映されているからだ。

父と母が介護保険サービスを受けるようになったのがいつからなのか、正直なところ私はよくわからない。母は60歳を過ぎてから視力が落ち、視覚障害者の認定を受けていたが、それでも僅かに残る視力で料理も洗濯もしていたし、買い物にも一人で行っていた。ただ75歳を過ぎたあたりから急激に足腰が弱くなり、階段から落ちて圧迫骨折をして以来、生活がおぼつかなくなっていった。民生委員の勧めもあったのだろう。役所で案内されるまま、介護認定までこぎ着けたのだと思う。気が付いたら実家には外部の人が出入りするようになっていた。

「年老いて、子どもの世話にはなりたくない」が口癖だった母。きっと、（家に他人が入るのは嫌だけど、子どもに迷惑をかけてまで生きるのはもっと嫌なので我慢しよう）と思って進めたに違いない。

最初の頃は、母の方が父より介護状態は軽かったと思う。認知症の父との暮らしで気が張っていたのか、母はいつも必死に動き、リハビリにも通い、一時は要介護1にまで上がった要介護度が、「要支援1に戻れた。私の方が軽いのよ」と父の前で自慢気に話していたのを覚えている。

要支援1は、排泄や食事はほぼ自立でき、居室の掃除や身の回りの世話の一部に何ら

要介護状態区分別の状態像

低下している日常生活能力

要支援1	要支援2/要介護1	要介護2	要介護3	要介護4	要介護5
■起き上がり ■立ち上がり					
	■片足での立位 ■日常の意思決定 ■買い物				
		■歩行 ■洗身 ■爪切り ■薬の内服 ■金銭の管理 ■簡単な調理			
			■寝返り ■排尿 ■排便 ■口腔清潔 ■上衣の着脱 ■ズボンなどの着脱		
				■座位保持 ■両足での立位 ■移乗 ■移動 ■洗顔 ■整髪	
					■麻痺（左下肢） ■食事摂取 ■外出頻度 ■短期記憶

厚生労働省の資料から。2014年度の要介護認定情報に基づく全74項目の要介護認定調査において、何らかの低下が見られる選択肢を選んでいる割合が80%以上になる項目について集計。要介護度別の状態像の定義はない。

かの介助（見守りや手助け）が必要なレベルだ。要介護1は、歩行や両足での立位保持などの移動の動作に何らかの支えを必要としたり、問題行動や理解の低下がみられたりするレベルとなる。

まだ母が動けて、家で生活をしていたこの頃がとても懐かしい。

介護保険の居宅サービスの、「福祉用具貸与」と、「福祉用具販売」も利用できるようになると、まずソファから立ち上がりやすくするために、天井からポール（つかまりポール）をつけた。そのポールはその後、母のADLの低下に伴い、手が届くあたりに円盤型の手すりもつけ、より体重を支えやすくした。頻繁に福祉用具専門相談員が実家にやってきて、母の体の動きを見てくれていたからこその更新だと思う。

歩行杖も購入。母に購入したのは、伸縮が10段階、折畳も5段階調節できる「ステッキベーシック」というもので価格は3000円ほど。赤の花模様は母の趣味だった。これに別売りの先ゴム（税込み486円）も付けた。

多点杖を試したこともある。4つの支点で支えるもので軽量で安定型。重心もしっかりかけられるので良さそうに見えたが、絨毯《じゅうたん》が敷かれている我が家では、杖の支点がひっかかってしまう恐れがあり、途中で断念した。パンフレットで見るだけではわからないものだ。

浴室には背もたれと肘つきのシャワーチェア（2万7000円）と、吸着滑り止めマット（5万円ほど）も入れて、入浴中の転倒に備えた。いずれも消耗品と衛生品のため、介護保険による貸与ではなく購入だった。

母は介護保険負担割合が1割なので、定価から9割引で購入できた。

一番大きかったのは、マットレスなどの付属品も含めた、介護ベッドの導入だ。のちにベッドからの立ち上がりを楽にするために、手すり（商品名は「どこでも手すり」）もレンタルした。レンタル代は月200円程度。かなり重量があり、動かすのも一苦労だが、これがあったおかげですごく助かった。

介護保険適用の（貸与）福祉用具

- ◆ 車いす（付属品含む）
- ◆ 特殊寝台（付属品含む）
- ◆ 床ずれ防止用具
- ◆ 体位変換器
- ◆ 手すり
- ◆ スロープ
- ◆ 歩行器
- ◆ 歩行補助つえ
- ◆ 認知症老人徘徊感知機器
- ◆ 移動用リフト（つり具の部分を除く）
- ◆ 自動排泄処理装置

介護保険適用の（販売）福祉用具

- ◆ 腰掛便座
- ◆ 自動排泄処理装置の交換可能部
- ◆ 排泄予測支援機器
- ◆ 入浴補助用具（※）
- ◆ 簡易浴槽
- ◆ 移動用リフトのつり具の部分

（※）入浴用いす、浴槽用手すり、浴槽内いす、入浴台、浴室内すのこ、浴槽内すのこ、入浴用介助ベルト

介護保険適用の住宅改修

◆ 手すりの取付け

廊下、トイレ、浴室、玄関、玄関から道路までの通路などに、転倒の予防や移動の動作をしやすくするためのもの。取り外しができる手すりは対象外になる。

◆ 段差の解消

居室、廊下、階段、トイレ、浴室、玄関、玄関から道路までの通路などの段差や傾斜を解消するためのもの。スロープを設置したり、敷居を撤去したり、浴室の床のかさ上げなど。

◆ 滑りの防止及び移動の円滑化等のための床又は通路面の材料の変更

居室を畳からフローリング等に変更したり、浴室やトイレの床材を滑りにくいものへと変更したりする。

◆ 引き戸等への扉の取替え

ドアノブの変更や、引き戸の新設など。

◆ 洋式便器等への便器の取替え

和式便器から洋式便器への取替え工事。

◆ 上記に付帯して必要となる工事

便器の取替えに伴う床材の変更や、浴室の床の段差の解消に伴う給排水設備の工事など。

※厚生労働省の資料をもとに作成

福祉用具には、無料で使える期間がある。担当者がサンプル商品を持ってきて、無料お試し期間が終わる頃に感想を聞きにやって来る。「ちょっと、こういうところが」と不具合な点を伝えると、商品を引き上げていく。車いす、手すり、スロープ、歩行器、歩行補助杖、認知症老人徘徊感知機器など、介護保険を適用して貸与できる福祉用具はたくさんあって、マットレス一つとっても種類が豊富なことを知った。

実家の1階のリビングに介護ベッドが2台並ぶと一気に家が老人仕様になった。最初の頃はまだポータブルトイレも、喀痰《かくたん》吸引器もなかったが、それでも、手すりを頼りに移動し、介護ベッドで横たわる親を初めて見た時は、何とも言えぬ寂しい気持ちになったのを思い出す。

それでもこの時期は両親も、住み慣れた我が家で自分たちらしく過ごしていた。母は台所でヘルパーさんとともに作る食事の時間を楽しんでいた。食材の購入を頼むこともあれば、一緒に買い物に行くこともあった。

母は最初の頃、ヘルパーさんが来る前に家の中を掃除して、お茶菓子を用意していた。それが少しずつ、

「今日はこれをお願いする！」

と事前にまとめておくようになった。孫ぐらいの年齢のヘルパーさんとの会話を楽しみ、時々「人生相談」にも乗っていたようだ。母は人から相談を受けたり、話を聞いたりすると、パワーアップするタイプだから、意外と訪問介護サービスを受けていたあの頃が、一番生活に潤いがあったのかもしれない。

こうして週に数回（その後は毎日）訪問ヘルパーさんの介助があれば、何とか回っていた。ただ外出先では、「危ないな」と思うことが増えていった。

たとえば、待ち合わせがうまくいかない。伝えた場所になかなかたどり着けなかったり、実際の約束を忘れたり、間違えたりした。思考の柔軟性も落ちたので、言葉を理解して行動に移すのが難しくなり、新しい場所に行くとか、新しいものを使い始める回数も減っていった。

要介護高齢者の老老介護生活の二人。少しずつできないことが増えていった。

刑務所には行きたくないよ

母の介護負担を減らすために、父が要介護1になった頃から、近所のデイサービス（通所施設）に通わせるようにした。

朝9時ぐらいに迎えの車がやって来る。デイサービスでは昼食をとって、おやつを食べて、囲碁などをして、夕方車で帰ってくる。父は「帰りに買い物をしたいから、歩いて帰りたい」と言っていたらしいが、送迎が原則なので、それはできないと言われたらしい。

安全の徹底は有難かったが、昼食代もかかるし、介護保険負担割合が3割の父は、1日の利用料もそう安くはない。当初は囲碁ができるということで選んだデイサービスだったが、なかなか相手が見つからなかった。父より冴えている利用者は、父以外の人を選び、仲間外れになっていることもあったようだ。

ある日、施設の近くまで行ったので、買い物ついでに窓の隙間から中を覗いてみたら、父が食卓に一人でポツンと座っていた。狭い空間の中央に置かれた食卓に向かって座り、誰からも話しかけられず、誰にも話しかけず、ただただぼーっとしている父を見て、胸が苦しくなった。手を振ることもはばかられ、かといって「もう帰ろう」と言って父を連れ出すこともできなかった。しばらく見ていたが、壁際にいた高齢の女性は眠っていたし、ただ人がそこにいるだけの空間に愕然《がくぜん》とした。

今はいろんなデイサービスがある。運動に特化したり、ゲームをしたりと様々だ。いくつか見学をして父にあったところを選べばよかったが、当時の私は、介護の初心者中の初心者で、ケアマネさんに言われるがままだった。ほどなくしてそこには行かなくなったが、思い出すのは、迎えの車を待っている間にいつも父が必死になって「あそこは刑務所だ。刑務所には行きたくないよ」と言っていたことだ。

私は何も知らず、「みんながいるから楽しいよ」と強引に車に乗せていた。今でもその施設の前を通るたびに、申し訳なさでいっぱいになる。他の家族はどういう思いでここに通わせているのかと想像してしまうのだ。

先にボケたもん勝ち

父はアルツハイマー型認知症だった。

80歳を過ぎても、足腰はしっかりしていた。会話のやりとりもまあまあ続き、得意のユーモアも健在だった。離れて暮らす私が「ん?」と思うようになった一番のきっかけは、電話の反応だった。娘からの電話なのに、最初は「はい」「元気です」と、機械のような対応をする。少し話をしているうちにわかるようだが、明らかに反応が遅くなった。

父は65歳を過ぎた頃から同じことを何度も聞くようになった。3分もしないうちにまた同じことを聞く。脳のＣＴ検査で海馬が著しく収縮している状態を診た神経内科の先生が、父のことを心配していたのはもう15年以上も前のことだ。父は要介護1の時も3の今も大きくは変わらない。いつも忘れっぽくて、同じことを気にして、それぱかり聞く。しばらく経つと同じ質問、同じやりとりを繰り返す。ただそれだけなのだ。そして自分が理解すれば安心する。わからなければ何度も聞く。前頭葉や側頭葉は正常だったため、社会的なルールを逸脱した言動や、幻視・幻聴などがなかったのが救いだった。いつもニコニコしていて、認知症になる前よりも穏やかな表情で多幸感にあふれていた。

母もその後アルツハイマー型認知症の診断を受けるが、母には、父には見られなかったつまずきや、思考の鈍麻、うつ症状も若干見られたので、レビー小体型や血管性との混合タイプのように思う。

思い起こせばあの頃、とても辛かったのが父も母もことあるごとにこう話すことだった。

「長生きしすぎちゃったね」

「先にボケたもん勝ち」

それを聞く度に、人生をかけて二人を最後まで看ようとする私の覚悟や思いが踏みに

認知症の種類と特徴

アルツハイマー型	認知症の7割ほどがこのタイプ。長い年月をかけて脳にアミロイドβ、リン酸化タウというたんぱく質がたまることが原因と考えられている。記憶障害（もの忘れ）に始まることが多い。見当識障害、遂行機能障害、空間認知障害、失語、失認、失行など。
血管性	脳梗塞や脳出血といった脳血管障害によって、一部の神経細胞に栄養や酸素がいきわたらなくなり認知症をきたすもの。脳血管障害を起こした場所により症状が異なる。麻痺などの体の症状を伴うことが少なくない。嚥下障害（むせ）、構音障害（ろれつがまわらない）、思考の鈍麻、うつ・アパシーなど。
レビー小体型	αシヌクレインというたんぱく質が神経細胞の中にたまり、認知症をきたすと考えられている。記憶障害などの認知機能障害が変動しやすいことのほか、幻視（実際にはないものが見える）や、転びやすい、歩きにくいなどのパーキンソン症状、睡眠中に夢をみて叫んだりするなど。
前頭側頭型	脳の前頭葉と側頭葉が病気の中心として進行していき、同じ行動パターンを繰り返したり、周囲の刺激に反応してしまうなどの行動の変化が目立つ「行動障害型」と、言葉の障害が目立つ「言語障害型」がある。行動障害型の場合、店の中でほしいものがあると持ち去ったり、社会のルールを無視して我が道を行く行動をしたり、こだわりが強くなったりする。最も介護の負担が高いタイプと見られている。

※厚生労働省の資料などをもとに作成

じられているような気がして、みじめな思いになった。でも今ならわかる。ボケてまで長く生きたくないのだ。わかっていなかったのは私の方なのだ。

ひとつずつできないことが増えていく日々に冷静に向き合えるほど人間は強くない。二人はこれからどうなっていくのか、とても怖かったのだろう。

第二章　在宅介護を諦めるまで

二人あわせて半人前

要介護高齢者の二人暮らし。

出来ないことが増え、生きる力を失い、気持ちも不安定になるからか、母は弱音を吐き、父は子どものように駄々をこねるようになった。

「二人あわせて半人前」

父と母はそう口にした。買い物も二人、いつも助け合ってはいるけれど、とてもじゃないが見ていられなかった。キャリーカートに重心をかけながら、もたもたと歩く母の隣で父がスーパーの買い物かごを持つ。牛乳パック一つ入るだけで重そうだ。

目が悪い母は、レジの並び方も見えないし、わからない。一度、あるお店で床に示された矢印のマークを知らずに人の横に入るような形で並んでしまったことがある。その時、背後から聞こえた男性の声に私は背筋が凍った。

「ばばあ、何してるんだよ！」

父は耳が遠く、「我、関せず」という顔で遠くでぼんやりしている。母は何もわからない。

幸い、母は前向きな性格で、できないところや、困ったことがあるとすぐに周囲に助けを求めることができる。行きつけのスーパーでは、頼りにしている店員さんがいて、「困った時はいつも彼女に助けてもらっているの」と私を安心させた。

しかし、どこにでもそういう人がいるわけではない。傷つく回数が増えれば、外出する頻度も減る。事実、母はこの頃から少しずつ、外に出る機会が減り、日常の買い物は完全にヘルパーさん任せになった。病院に注射を打ちに行くことも少なくなった。（骨を強くする）注射のスピード以上に自分の足が弱っていくことを悲観していたのだと思う。リハビリに通う回数も減った。

こうして、外部との接触も刺激も減った母は、自宅にこもりがちになった。

その頃の私の日記に、こんな記述があった。

〈1日30分以上台所に立てなくなっちゃった、と母が嘆く〉

電話で母がポロリとこぼしたのだ。電話を切った後に胸が苦しいほどに悲しかったのを覚えている。結婚してから50年以上ずっと専業主婦だった母は栄養士の資格を持っていたので、いつもバランスのとれた食事を作ってくれた。

そんな母が「味噌汁を作るのに1時間以上かかっちゃった」と笑って言うのだ。

「大根とか人参の皮ってどうやって切っているの?」と聞くと、「何周もグルグル切るからちっちゃくなっちゃうわね」と笑う。

両肘を調理台に乗せて、かろうじて立ちながら時間をかけて野菜を切って、料理をする母の姿が目に浮かんだ。母にとってはものすごく大変なことだったが、それでも料理ができることが救いだったのだと思う。それが(足が痛み)30分以上キッチンに立てなくなり、やがて「危険だから、もうやめましょうか」と周囲に言われて、包丁を持つこともなくなる。事実上の主婦業引退だ。

こうやって家の中でも外でもできることが激減し、自分の役目も居場所も失い、生きる意味さえ見失っていく。これが母の要介護3の始まりだった。

生きててよかった

きっかけは、転倒だった。

新宿で親友とランチを食べた帰りだった。お土産を入れたキャリーバッグが重かったのだろう。玄関の小さな段差につまずき激しく転倒し、頭部を強打。その場で意識を失い、通行人の助けで救急搬送された。忘れもしない2019年11月16日。そこから母の人生が大きく変わった。

それ以来、母はとにかく眠るようになった。足腰が極端に衰えたせいで、室内での短い距離の移動ですら転倒してしまう。台所から食卓へのほんの数メートルですら歩行がおぼつかない。

終始ベッドにいるようになった母は、食事もほとんどとらなくなり痩せていった。ヘルパーさんが朝作ってくれた食事が昼になっても手つかずということも多かった。干からびたパン。膜ができた牛乳。昼も夜もわからず寝続けている母に、その横でぽーっと、ただテレビを見ているだけの父。食卓だけでなく部屋全体が汚れ、薄暗い部屋で父だけが僅かに動いていた。

とはいうものの、転倒直後の母の様子は普段と変わらなかったのだ。

搬送後は入院もせずに検査で異常がないことがわかるとすぐに帰宅したし、命に関わるほどでもなかった。

包帯が巻かれた頭部は痛々しかったが、私がその日の夜に急いで家にかけつけ、ソファにちょこんと座る母に「生きててよかった」と抱きつくと、「あら、あら」と照れくさそうに笑って「ほらね、父ちゃん。娘っていいでしょ」と言った。私は半泣き状態だった。母が死ぬ恐怖と、無事に帰っていた安堵感。いろんな思いが一気に込み上げ、ぽよぽよの母のお腹にしばらく抱きついて離れられなかった。顔を上げると、顔をうずめた母の垂れた胸の下が濡れていた。

幸いなことに脳のCT画像も問題なく、念のため数カ月後にまた来るように、ということだった。頭部への衝撃により、ゆっくりと時間をかけて頭蓋骨に近い硬膜《こうまく》と脳の表面の間に徐々に血液が溜まっていく「慢性硬膜下血腫《まんせいこうまくかけっしゅ》」になる可能性もあったからだ。指示通り、3カ月後、半年後と継続的に通院して検査し、画像診断上「異常はなし」ではあったが、明らかに母の様子がおかしくなった。

①怒りっぽくなった。感情のコントロールができなくなり、ヒステリックになった
②転びやすくなった（歩行は厳しくなった）
③排泄のコントロールが厳しくなった

いわゆる認知症の悪化だ。

それだけではない。頭部から前向きに転倒したので、眼底出血もあった。視力はますます落ちて、さらに見えない世界になった。これまでは、目の前を誰かが通り過ぎれば、

ぼんやりと見えてはいた。そのぼんやりとした視力で何とか日常生活をこなしていたのだが、この転倒を機にその「ぼんやり（見える）」すらなくなり、

「見えないのよ」

そう悲しそうに言うことも増えた。

「本当に見えないのよ」

誰も私の気持ちはわからない

ケアマネさんが要介護認定の区分変更申請をして介護認定調査を受け、要介護3になった。転倒から半月後のことだ。この認定調査では、介護者である家族への面談もあるのだが、実家だと母が近くにいて耳をそばだてているので、後日電話で、ということになった。

できることとできないこと、そして日頃の母の様子を電話口で担当の男性に話した。母がキツイ口調になったと嘆く私に担当者は、

「介護度が上がると情緒不安定になり、一番キツくあたるのは、身近な人なんです」

こう言った。妙に納得した。母は小さい頃から、末っ子の私に特別甘くて優しかった。

そんな母から、聞いたこともない言葉が飛んでくる。母は体が動かないもどかしさや苛立ちを口にするようになり、その怒りを父と私にぶつけた。大声で皮肉交じりに話す母の会話の内容を理解できず、その口調だけで父が不安そうになる。一方的に喧嘩を売る母をなだめようとすると、「誰も私の気持ちはわからない」と、投げ捨てるように口にした。

認知症による症状の一つでもある被害的妄想、「嫉妬妄想」も強く出た。父に対しては、「あなたは不倫している」と、呆れるほどしつこかった。

ただ、父は「困ったなぁ」「作ってるなぁ」と言うばかりで、母に一度も言い返さなかった。父が短期記憶を失っていたことが幸いしたのだ。母がどれだけしつこく言っても、すぐに忘れて、都度「困ったなぁ」を繰り返した。

今思えばあの時は、母も相当苦しかったのだと思う。たとえ妄想であっても、その感情で心がかき乱されて、怒りがおさまらない。そんな自分に同情してくれる人がいない。

私は、母の妄想を肯定もせず、寄り添いもしなかった。あまりのしつこさに嫌気がさし、怒りもこみ上げてきた。もうこれは病気なのだ。これは認知症という病の症状の一つで、本人は真剣なのだ。やりあってはいけない。しかし当時は私も全力で怒り、全身で母を拒否してしまった。

母はその前月にも救急搬送されていた。

両手足がしびれて全く動かなくなったが、そんな状態でも隣にいた父が全然役に立たず、自分で救急車を呼んだのだという。苦しい時に一番助けてほしい人生の伴侶が思うほど動いてくれないというのはとても腹が立つらしい。

これが老老介護の最も厳しいところなのか。お互いが年を重ねて、老いていくというのに。

うちはゴミ屋敷だからいいの

私はますます頻繁に実家に帰るようになった。

ある週末、昼過ぎに帰ると父が食卓でぼんやりビスコ（父の好物）を食べていた。お昼はまだなの？　と聞くと、「食べたような、食べていないような」と答える。見ると、食卓には朝食の残りらしきパンがのった皿がそのままになっている。昼食を出すはずのヘルパーさんが来られなかったのだろうか。いずれにせよ何時間も外部の人が来ていないことは明らかだった。

急いで昼食を作って父に出した。その間、母はベッドでずっと寝ていた。食卓の上には耳かきや請求書に混じって食べかけのお弁当や開封済みのアーモンドの袋などがあり、お皿を置く場所すらない。冷蔵庫は消費期限の切れた食材であふれていた。廊下には段ボールが畳まれずに積み重なり、トイレに行くたびにつまずきそうになる。注意すると「うちはゴミ屋敷なんだからいいの」と母は開き直った。その横で私は片っ端から片付けた。

「あなたが来るとゴミが大量に出る」

母からはよく皮肉めかして言われた。私が台所に入ることを拒んだので、母が寝ているときや電話中に急いで音が出ないよう洗い物をしたり、ゴミの仕分けをしたりした。瓶や缶の音に敏感だからだ。それでも気づかれた時は「余計なことをしないで」と怒られた。

今思えば、両親の家だし母の人生なのにずいぶん勝手なことをしたと思う。でもあの時はとにかく必死だった。

母は全部わかっていた。家が汚く不衛生だということも、それを私が極端に嫌がり、必死に家を掃除しているということも。本当は自分がやりたかったのだ。でも自分が思うよりもずっと体が動かせない。できないことが悔しかったのだ。

「うちはゴミ屋敷だからいいの」

そう開き直る母に、私はキレまくった。母一人の生活ならいいが、20年以上も皮膚疾患に悩む父がいる。父はいつも体じゅうを掻きむしっていた。何も知らずぼりぼりと背中や足を掻きむしり、ひっかき傷から出血し、手も背中も血だらけになる父をずっと見ていたので、「ゴミ屋敷だから」と開き直る母が耐えられなかった。

清潔保持だけでなく、安全面の確保にも必死だった。床に転がっている危険そうなものは捨てた。窓際に積み重ねられていた新聞紙の山も捨て、家具の移動もした。食卓の椅子も換えた。母が長年使っていた椅子の座面は浅くていつも椅子からずり落ちそうだった。

取材で福祉用具の情報を沢山集めていたので、「これなら長く座っても疲れないだろう」という椅子があった。それは、高齢者施設の現場でも使われているアビリティーズ・ケアネット社の「木製モジュールチェア」(税抜き3万6000円・当時)というものだ。ひじ掛けの高さも座面の高さも調節可能で、正しい座位を確保することで誤飲予防にもつながる。

でもこれを母が使ってくれるまでに1年ぐらいかかった。母は「椅子なんかいらない。今あるので十分だ」と頑なだった。しかし、いざ私が購入して座らせると「あら、これは確かに座りやすいわねぇ」と喜んだ。

そして翌20年2月には、父も要介護3になった。

この頃、ケアプランも見直しされた。

ケアプランとは、介護保険サービスを利用するために必要な介護計画書のことで、在宅の場合は「居宅サービス計画書」という。担当のケアマネさんが作成するのが一般的だ。なお、介護状態が「要支援」であれば、そのケアプランは「介護予防サービス計画書」といい、地域包括支援センターの保健師など介護予防支援に関する知識がある人が作成することになっている。

めでたく住宅改修

住宅改修も行った。

手すりをつけたり、段差の解消をしたり、扉を引き戸へ変えたりする住宅改修。改修にかかった費用は20万円を限度に介護保険の給付が受けられる（20万円を超えた分は自己負担になる）。住宅改修での支給は原則1回のみだが、意外と知られていないのが、要介護（支援）状態が3段階上がれば、再度申請をして給付が受けられるという点（3段階も上がれば、生活の仕方も変わるからだ）。

我が家の場合は、要介護3の状態で行ったので、次回はないと思うが、行った内容は次頁の通り。


我が家の住宅改修の中で、私が良かったなーと思っているのは、ドアノブの交換だった。これまで我が家は昔ながらの丸型ドアノブで、握力が落ちた母が使いづらそうでいつも「レバー式にすると楽よ」と言っていたが、まったく聞いてもらえなかった。

第三者が入るといろんなものがスムースに進む。

うつろな目で、「飛び降りがしたい」

実家に帰ると驚くことが増えた。

ある時は母が食卓で、おたまでグラタンをすくって食べていた。

またある時は、母が一方的に父に怒り、訪問のヘルパーさんが困っていた。

「雨が降るよ」と言っても聞かず、外に洗濯物を干すと言ってベランダに出ようとする。

我が家の住宅改修の内容とその金額

①	廊下に縦手すりを設置	12,646円
②	廊下に横手すりを設置	22,867円
③	トイレにL型手すりを設置	18,211円
④	脱衣所に縦手すりを設置	7,420円
⑤	リビングルームのドアノブを交換(2カ所)	24,640円
⑥	玄関のドアノブを交換	18,730円
⑦	浴室に横手すりを設置	20,780円
⑧	浴室に縦手すりを設置	19,260円
		計144,554円

上記に仮設費(3,000円)+諸経費(14,755円)-値引き(490円)などが加わり、工事合計金額は税込みで178, 000円(自己負担額は17, 800円)。

ヘルパーさんが手に持っていたスマホで調べて「ほら雨マーク」と説明する。その横で私もほらね、という顔をする。それがさらに気分を害したのか、母はさらに強情になった。

1階に置かれた小さな丸い簡易椅子を抱えて2階の和室に行き、窓に向かって腰かけてぼんやりとしていたこともある。

慌てて私も2階に上がり、「何しているの」と声をかけると、「飛び降りがしたい」とうつろな目で答えた。

姉にこの日のことを報告し、朝と夜のヘルパーさんの訪問回数をさらに増やし、30分ずつ見に来てもらうことにした。私も頻繁に足を運んだ。自分の家の家事もたまる。実家に行けなかった日は、母から電話があった。どうしたのかと聞くと、

「〇〇さん（ヘルパーさんの名前）から怒られた。もっと娘さんにやさしくしなさいって」

としおらしく話す。

電話の用件はそれだけだった。

私は「そうだね」「明日帰るね」と返した。母は珍しく弱さを見せた。

確かに母はあの頃かなりきつかった。

あまりにもひどいことを言われた後は、実家から家への帰り道、自転車をこぎながら、

「ほんとにもう死んでもいい、あの人！」

とまで思ったこともある。

声に出しそうにもなった。込み上げる怒りと悲しさで涙も出てきた。そんな時、大きなサイレンとともに向かいから走って来る救急車とすれ違った。

「母が倒れたのかも」

慌てて自転車の向きを変え、救急車の後を追い、救急車が実家とは違う方向であることを確認してから家に帰った。

大嫌いだけど大好きで、私の人生で本気で向き合える大切な人。

そんな母がときたま見せる弱さと寂しさ。そういう時はたまらず胸が痛み、同時に調

子も狂った。

ごめんね。見送れない

しおらしい電話の翌日、実家に帰った。

母は相変わらず「私の言う通りにして」モード全開。私も負けじと言い返し、やれること、やるべきことは全部やって自分の家に戻った。夜中になっていた。あまりの疲れからかソファに倒れこむと、ちょうど姉からＬＩＮＥが入った。

「ゆきは実家に帰ると親切空回りでトラブルを起こす」

母が姉にチクったのだろうか。このＬＩＮＥでさらに疲れも苛立ちも倍増した。姉の言うことは正しいが、普段介護をしない人から言われたくなかった。しかし、姉のように適度な距離をもって、余計なことをせずただ見守る方が、両親にとっては良いのだろう。わかっているけどできない。悔しくて苦しかった。

さらにその翌日。今度は夕食の時間にあわせて実家を覗く。両親は注文していたお弁当だった。母は食べながら眠ってしまう。ゆすって起こすと、甥っ子の名前を出して

「彼っていま50代だっけ」といきなり言い出す。実際は30歳を過ぎたばかりだ。

あんなにかわいがっていた甥の存在がもうわからなくなっているのか。

食後に母の背中をさすると「あぁ本当に気持ちいい」と嬉しそうな顔をした。夏みかんを剝《む》くと、喜んで食べてくれた。こんな穏やかな一日もある。7時半過ぎに実家を出る。雨戸を閉めたことも確認。夜が無事でありますように。

帰ろうとすると、「もう帰るの」と母は寂し気な顔になった。父とともによろよろと玄関まで見送りにきて「今日はありがとうね」と笑顔を見せてくれた。こんな二人の姿を見られるのはいつまでだろうか。自転車をこぎ振り返りながら、実家を去る時はいつも思った。

この玄関の見送りも、そう長くは続かなかった。母は徐々に一人では容易に立ち上がれなくなり、数カ月もすると、ソファの上から、

「ごめんね。見送れない。気をつけてね」

と声を出すだけになった。

もっと進んだ後は、母はベッドに横になっているだけだった。声をかけてくれることもなくなった。いつまでも寝ている母の背中をさすり、家を出た。

こんなふうに実家の親は老いていった。
その週末、久しぶりに私は介護から離れて夫と二人で那須で過ごした。この時期はまだ良かった。こうやって東京から離れることもできたのだから。

介護は突然やってきません!

田舎から上京し、東京都内に一軒家を構えた父と母にとって我が家は、これまでの人生そのものだった。鉄筋コンクリート造の2階建て。太陽光パネルを早くにつけ、外壁と門は頻繁にリフォームを行い手入れをしてきた。玄関の門から玄関扉までの階段の横にはだいぶ前に手すりを付けていたし、トイレや浴室にも手すりがあった。介護保険を使う前から、老いてもいつまでも家も自分たちも健康でありますように、と願い、大好きな家に長い時間をかけて手を加えていたのだと思う。特養に入る直前には、母は屋根の修理の発注をしていた。

両親が最後まで安全にこの家で暮らせるよう、できることは全部やろう。そう思って二人のために力になってきたつもりだった。しかし、前のめりだったと今は思う。

介入の仕方もタイミングも正しかったとは思えない。

以前、介護アドバイザーの髙口光子さんに、どういう時に両親の生活に介入すべきなのか、どういう点に気をつければよいのか聞いたことがある。するとこう言われた。

「これまで親が特にこだわってきたことができていなかったり、トイレが異様に汚れていたり、頻繁に電話してくるようになったりした時などが一つのサイン。ただそのサインはそれぞれで異なります。日頃の観察力と、それが来た時の距離感が大切。子として親を引き受ける時が来た。いよいよ親子としての人間関係の立ち位置が変わる時がやってきたということを正しく自覚することです。よく『介護が突然やってきた』と言われる方がいらっしゃいますが、ちゃんと見ていれば、突然に介護はやってきません」

我が家のサインは「異臭」だった。野菜などを置いていた玄関と台所の腐敗臭がひどくなった。家の散らかり具合もひどかった。実家を訪問するたび掃除に時間をとられるため、ヘルパーさんは私に「(掃除をさぼっていると)上司にしかられちゃう」とつぶやいたこともあるほどだ。

同じ場所にモノは戻せず、楽なようにと手が届く範囲に置く。床は食べこぼしであっという間に汚れる。腰が悪い母はかがんで床を拭くのも一苦労だし、水をこぼしたら転倒リスクになる。弁当容器などのかさばるプラスティックやペットボトル、リハビリパンツなどが多いから、すぐゴミとしてたまってしまう。途中から担当のケアマネさんを通して、自治体のごみ収集のサービスを利用することになった。週に一度、燃やせるごみも燃やせないごみも、びんもかんも全品目同じ日に捨てられる（利用は要介護1以上など、各自治体ごとの条件がある）。分別ゴミの収集の曜日を覚えられなくなった両親には有難かった。それでもなかなかゴミとして捨てられないものは、「これ捨てなよ」ではなく「これ素敵ね。私が欲しいから、もらえる?」と言って、手放してもらった。……おかげで、我が家には実家から持って帰った大量の食器がある。

介護の入り口こそ、親との関係が難しい。

支配的な親であればあるほど、子は苦労すると思うし、親にされたように子も親を支配しがちだからまた難しい。

高口さんの言葉「親の介護とは、親を操作するのではなく、親と子どもの新しい人間関係を作ること」はまさにその通りだと思った。

介護のおかげで親との新しい関係が生まれ、父と母が持つ性格を知ることができたと思う。

事業所選び
―― 在宅か施設か ――

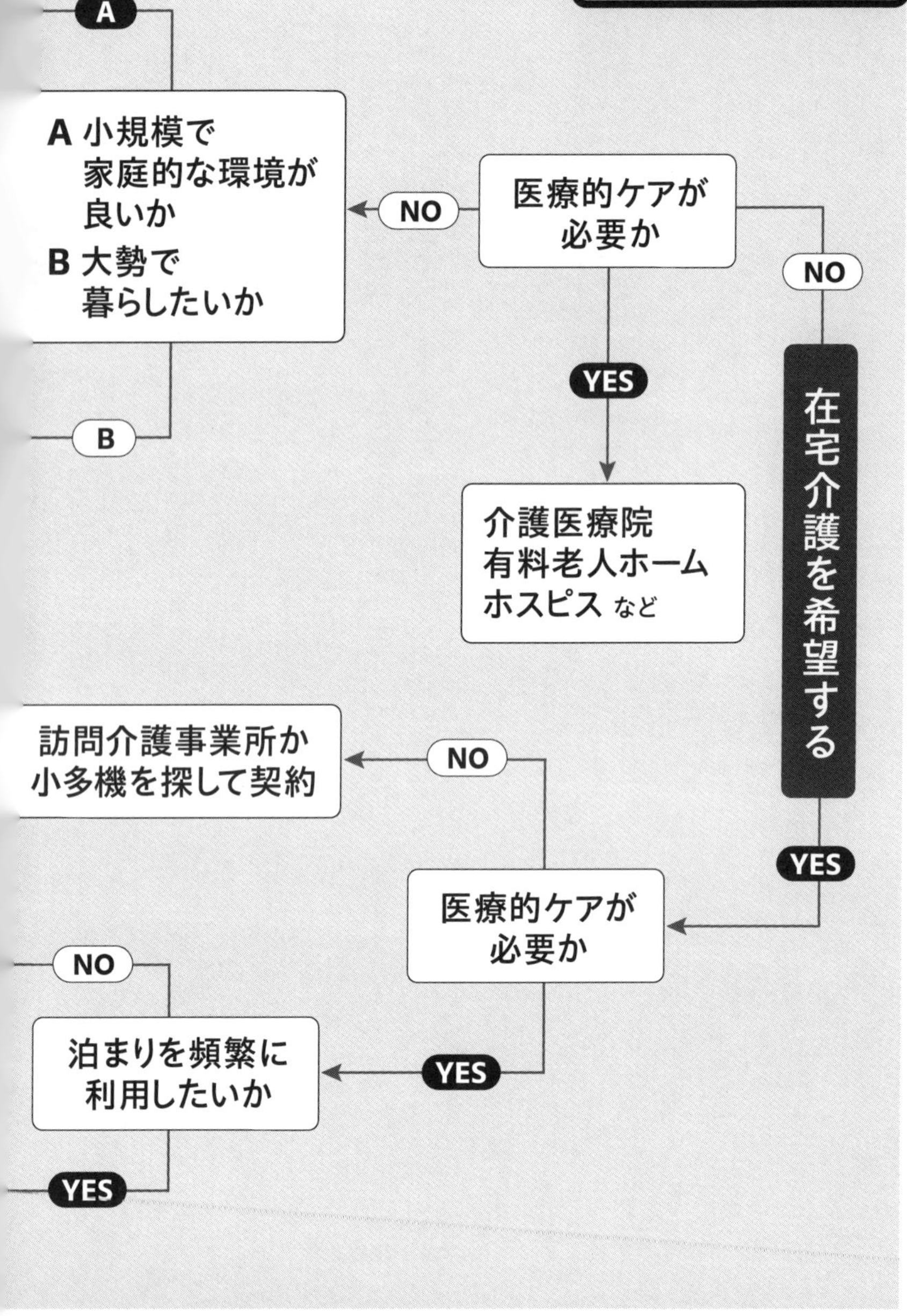
在宅介護を希望する
NO
医療的ケアが必要か
YES
介護医療院
有料老人ホーム
ホスピス など
NO
A 小規模で家庭的な環境が良いか
B 大勢で暮らしたいか
A
B
YES
医療的ケアが必要か
NO
訪問介護事業所か小多機を探して契約
YES
泊まりを頻繁に利用したいか
NO
YES

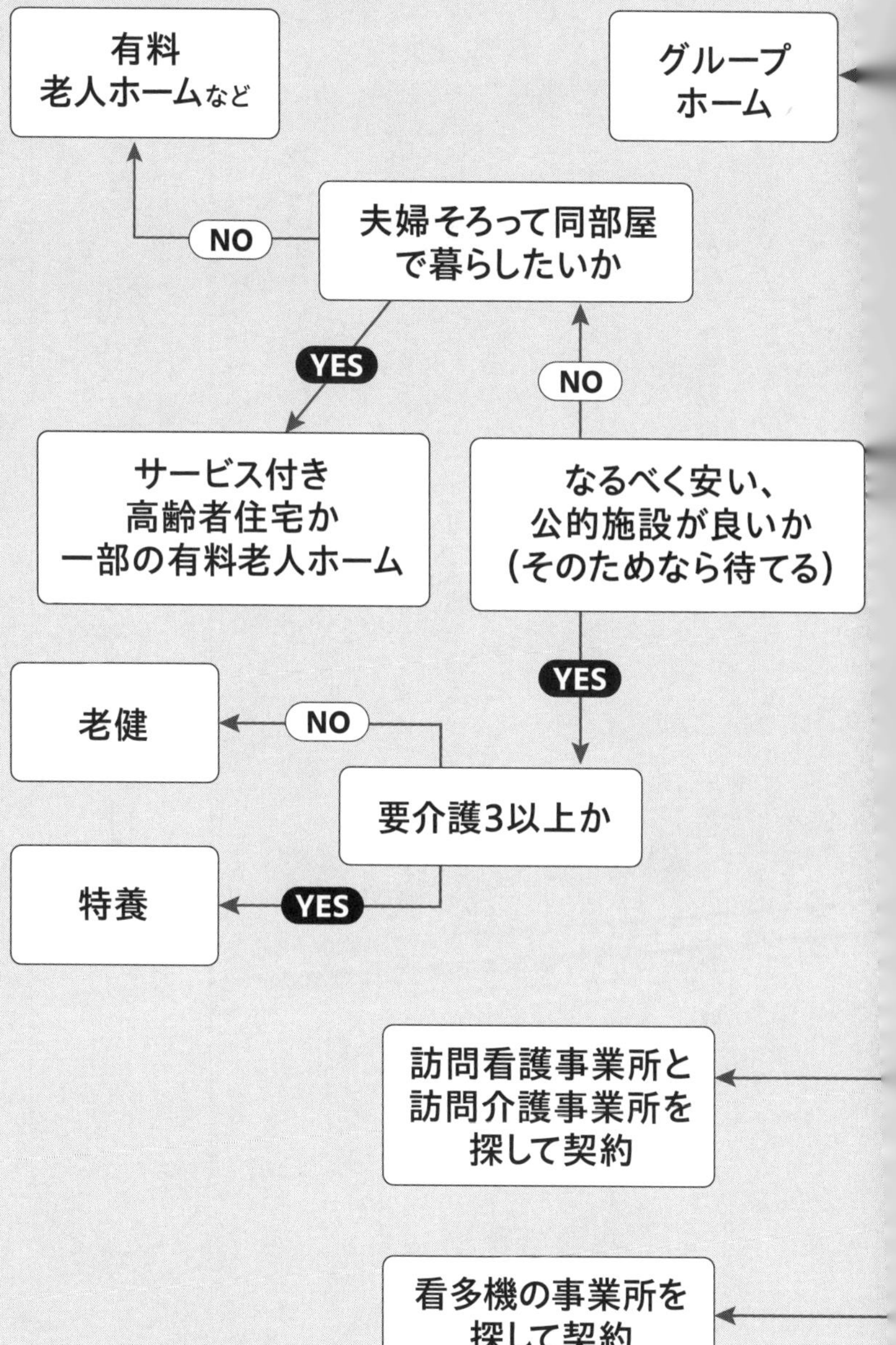
有料
老人ホームなど
グループ
ホーム
夫婦そろって同部屋
で暮らしたいか
NO
YES
サービス付き
高齢者住宅か
一部の有料老人ホーム
NO
なるべく安い、
公的施設が良いか
(そのためなら待てる)
YES
老健
NO
要介護3以上か
特養
YES
訪問看護事業所と
訪問介護事業所を
探して契約
看多機の事業所を
探して契約

※筆者の体験によるものです

第三章　施設暮らしのはじまり

家にいさせてくれよ

危険なほどにギリギリまで在宅生活を送った後、二人は特養に入った。あれだけ家にこだわって「絶対ホームには入らない」と言っていた二人がなぜこんなことになったのかを振り返りたい。

母は、2019年11月に転倒して、20年春から、壊れていった。認知症は進み、昼夜が逆転した。食事中も傾眠するようになり、転倒も増えた。トイレまでの歩行すら危険だったことから、介護職員たちの勧めもあって、ポータブルトイレを購入し、介護ベッドの隣においた。しかし母は「歩けるから」と強がり、廊下の先にあるトイレに向かうことを止めず、そのたびに転んだ。

この頃の母はお尻をついた形で転んでしまうと一人では立ち上がれないので、私かヘルパーさんがやって来るまで、ずっとそのままの体勢という状態だった。夜間はかろうじてポータブルトイレを使ってくれるようになったものの昼間はトイレに向かい、高確率で転倒した。よろけた時も棚の引き出しなどの不安定なところを摑むので、とにかく危険で常に目が離せなくなった。

父の排泄は自立していた。早くに認知症になったものの、驚くほどに進行は緩やかで、食事も普通食だし、会話も成立する。ADLもさほど落ちずに、室内での歩行に杖は必要がなく、ごくたまに何かにつまずくことはあっても、転倒はほとんどなかった。ただ、そんな父でも、自分で汚れたリハビリパンツの交換をしたり手を洗ったりするのが、できなくなりつつあった。尿漏れでズボンの前面が汚れてもそのままの状態。リハビリパンツに便がついていても気がつかない。やはり父も誰かの介入がないと衛生的に問題があった。誰かが声をかけない限り水分を取らないので、水分の摂取量が極端に少なくなったのも痛かった。夏場は脱水のリスクにもなる。

このまま二人で暮らし続けるのはもう限界だった。

その頃、私の「困った、困った」をことあるごとに聞かされてきた姉は、「もう家での暮らしは限界なんじゃないか」と頻繁に口にするようになった。そもそも姉は、〈老人は老いたら子どもに迷惑をかけずに施設で暮らすのが当然〉と考えるタイプ。「これ以上、何か家で問題があったら大変です」と考える担当ケアマネさんと意見が一致し、二人で施設入居へと向けた準備を進めていた。

施設が「絶対ダメ」というわけではなかったが、私は気持ちがスッキリしなかった。施設に入れば今のような不安は軽減する。救急車や近所のお世話になる回数も減るだろう。施設に入るメリットは十分わかるが、両親の家に対する思いの強さを知っていただけになかなか前向きになれなかった。

「施設に入る？」

ストレートに二人に聞いてみたこともある。

「絶対イヤよ。入らないわ」と母が言い、父も「いやだよ。家にいさせてくれよ」と泣きそうな顔になった。

本人が嫌だと言っているのだ。進めるべきではない。とはいえ今のままがいいとも思えない。考えるのも、両親を説得するのも辛くて、私は結論を出すことから逃げていた。だから施設への申し込みは勿論、情報収集すらしていなかった。

その間コツコツと動いていたのは姉だ。そして、二人同時に入れる理想的な特養を見つけてきた。実家からもそう遠くない。バスを乗り継ぎ1時間弱。姉の家からも近かった。

「まだオープンしていない施設で、今申し込めば二人とも同じところに入れる。チャンスだと思う」

とりあえず見るだけね。二人でGWに見学に行った。入居者もスタッフもほとんどいない、箱だけの老人ホーム。案内してくれた生活相談員の女性が誰もいないロビーで資料を広げて説明する声が妙に響いた。

キレイなだけのホームに騙されてはいけない

高齢者施設の選び方については、これまで専門家を多く取材し、ポイントは押さえていたつもりだった。まずそこにどんな人がいて、どのようなサービスを受けられるのか。何より「そこで生活する人たちが笑顔でいるかどうか」「スタッフたちが笑顔で利用者と接しているかどうか」を見る必要がある。そのためにも3時のおやつとかその前後のレクリエーションなど、入居者が集う時間に見学に行くと良い。さらに「異臭（排泄物などの）はないか」もチェック。それにより排泄介助の頻度や清潔保持に対する心構えなどがわかる。それだけのための「内見」と言ってもいい。

しかし、入居者がいないオープン前にそれはできない。何をもって判断すべきなのか。箱だけ見たらキレイなのは間違いないし。

「キレイですね」「広いんですね」

姉は満足そうだった。天井高もかなりあり、ロビーは開放的で、洒落《しゃれ》ている。私まで気分が上がってしまいそうだった。吹き抜けのロビーの窓から光が差し込み、中庭も見える。このロビーの一角はカフェスペースにする予定なのだという。

「カフェですか。それはいいですね」

私まで感心してしまった。

やっぱり、キレイな空間には魅了される。

しかし居室（個室）は「難あり」だった。廊下や食堂など共有スペースがやたらと広い割に、居室がやけに狭く、トイレもついていなかった。高齢者の居室なのにトイレがないなんてと驚いてしまった（のちに居室内にトイレがあると転倒リスクなどもあり、それはそれで問題もあると知った）。洗面台はあったが、居室は16㎡ぐらいでとても狭い印象だった。一般的に特養の個室についているのは介護ベッドぐらいで、家具や家電は入居者の持ち込みだ。タンスやソファをここに置いたらどれほどになるだろうか。

私はその何年後かにまた別の施設の内見をすることになるが、後にも先にもあれほど

「後悔しない特養選び」5カ条

❶ 事前にしっかり見学　利用者の表情もチェック

→多くの人が施設スタッフの人と笑顔で接していたらOK

❷ 介護職員の離職率を聞く

→自信を持って答えてくれるか。

❸ 施設の人員配置率を聞く

→特養の場合、入所者と看護・介護職員の割合は3対1が基準。1.7対1ぐらいが理想

❹ 「重要事項説明書を事前に見せてください」と聞く

→渡してくれないようなところは、少し疑ってみて。再検討の余地あり

❺ 「重要事項説明書」にある利用料金の中の「加算」の明細をチェック

→不明な加算があれば改めて聞き、説明を聞いた上で納得してからの入所が理想

※取材をもとに作成

狭い居室を見ることはなかった。100人以上が暮らすユニット型（食堂を囲むように10室ほどの居室が並んでいた）で、比較的規模の大きな特養だったのに……。

結局、ここに母は8カ月、父は10カ月暮らした。

入所に至る経緯は、姉やケアマネさんの説得で最初に母が折れ、その後「ママと一緒なら」と父が折れた。

父は「ホームは嫌だよ」と言いながらも、入所日が近くなると「何の本を持って行こうかな」と、和室に重ねられた本からお気に入りを選んでいた。

私は毎日実家に帰って、入所に必要な資料や荷物の準備をした。

入所までの流れはこんな感じだった。

「施設へ申込み」→「一次判定」→「二次判定」→「入所前面接」→「入所検討委員会」→「契約」→「入所」

おそらく最後まで入所を嫌がったのは、父でも母でもなく私だったと思う。

母が信頼していたサービス提供責任者（サ責）の女性も、両親の食事の支度中に私がキッチンを覗くと、

「私は反対。これまで沢山の人を見てきたけれど、施設に入ってから1カ月で亡くなった方もいる。お父さんとお母さんは絶対家にいた方がいいと思う」

と強く言った。

とはいえ、彼女は責任者としての立場から、こうつけ加えた。

「でもうちで夜間の訪問はできないんです。うちにいるヘルパーさんはみんな子どもがいたりして、19時以降は無理だから、夜間の派遣は厳しいんです」

そこがクリアできればベストだった。無理だと頭ではわかっているのに菓子折をもって彼女がいる事業所まで足を運び、「やっぱりだめですよね」とうなだれて帰ったこと

もある。

その帰り道、駅まで続く20分の長い一本道を一人、途方にくれながら歩き思った。

私は今、何をしているんだろうか。

あの時は介護の苦しさややるせなさ、そういうどうしようもない気持ちの中で迫られる決断に押しつぶされそうだった。誰かに助けてほしかった。

家があるのになぜ家賃を払ってまで暮らす?

この時期はよく父と喫茶店に行った。ヘルパーさんが家で母を見てくれている間に父を連れ出した。

そのたびに父に謝った。ごめんね。施設に入ることになって。

父はいつもこう言った。

「家があるのに、なんで家賃を払ってまで施設で暮らさないといけないんだ」

私はいつもこう答えた。

「施設にいる方が安全だからだよ」

が、父の言うことは、もっともだと思った。

長い間ローンで借金と利息を払い、ようやく支払いも終わった我が家を、「介護が必要になったから」と、住むことを断念し、家賃を支払いながら施設で暮らす。「なぜ家があるのに？」父の言う通りだ。

しかも特養の料金は、意外と高い。

公的な介護施設（特養）といえど、最近は利用料金がかなり上がっている。特に東京都内の特養は、地方の有料老人ホーム並みに高い。05年から、特養の「居住費」や「食費」が、介護保険の給付対象外となった。つまり全額自己負担だ。東京都の基準額はあっても、その金額は施設によってまちまちで、かなり高額なところもある。

ちなみに両親が入った特養は、食費が5万4000円、居住費が9万6000円だった（当時）。父も母も家賃と食費でそれぞれ毎月15万円払っていたのだ。

二人とも要介護3だったが、父は介護保険自己負担割合が3割、母が1割だったので、介護保険利用額など込みでおおよそ、父24万円、母18万円。あわせて42万円／月だった。特養なのに……。

在宅で、ヘルパーさんによる訪問介護サービスや、訪問看護、訪問医療などを受けて

要介護3の両親の1カ月あたりの特養の利用金額（2020年当時）

母（1割負担）	居住費96,000円、食費54,000円、介護保険利用額28,808円	178,808円
父（3割負担）	居住費96,000円、食費54,000円、介護保険利用額86,422円	236,422円

＊行事食、理美容代、クラブ活動費、電気代（テレビやラジオ、加湿器）などは別途。

別の特養の1カ月あたりの利用金額（問い合わせ当時）

母（1割負担）	居住費、食費、介護保険利用額含む	113,190円 （多床室の場合） 103,890円
父（3割負担）	居住費、食費、介護保険利用額含む	171,570円 （多床室の場合） 162,270円

＊医療費は含まない。理美容代（実費）、クラブ活動費（実費）、電気代は別途。

いたときの方がトータルで安かった。しかし、だんだん介護の必要性が増してきて、最後の方は、介護保険適用の枠を超えたケアプラン（超えた分は全額自己負担）にせざるを得なくなったので、結果、かなりのコスト増となった。施設で終日介護を受けるという決断は、今後さらに増え続けていく介護費用を考えると、悪くなかった。

……はずなのに。

施設に入れれば安泰、と考えた私が甘かった。

生きている人を大切にして

入所当日を、忘れることはないだろう。

最後に実家で両親と過ごす日。私は前日から実家に泊まっていたが、あまり眠れなくて当日は5時前に目覚めてしまい、ごそごそと台所を片付けたり、ゴミをまとめたりしているうちに、真剣に掃除を始めてしまった。ヘルパーさんがこの家に来るのも今日が最後になり、この家は明日から空き家になる。私もこの家に来ることはほぼなくなる。今のうちに家を片付けようと、必死になってしまったのだ。音を立てないようにやっていたつもりが、母を起こしてしまった。

母が食卓の椅子に座り、背中越しに、キッチンにいた私にこうつぶやいた。

「生きている人（私）を大切にして」

今日を最後にこの家で暮らせなくなる。あの時の母はどんな思いだったのだろう。あの日、なぜもっと、父と母のケアができなかったのか。

母はただ座っているだけだった。

「出発は午後だよ」と言っても、時間の感覚がないのか、それとも不安なのか、朝から外出着を着ようとした。さえぎると、今度は紙袋にティッシュペーパーとトイレットペーパーを詰めようとする。もう何が何だかわからないのだ。

一方、いつものようにゆっくりと起きてきた父は、リビングルームの端にまとめていた紙袋（持ち込み荷物）を見るなり、

「これだけじゃ足りないよ。何を持って行ったらいいんだろう、あぁどうしよう」

と惚《ほう》け始めた。

「大丈夫、大丈夫、衣類は送ってあるから」

こう答えると、

「何を送ったのか」

と今度は、それが心配になり、また不安ループに入ってしまう。

こうやって、二人が何十年と暮らしてきた我が家での生活の最後の時間が過ぎた。


午後になり、予約していたタクシーが家の前に到着した。

昼前にやってきた姉が玄関で対応してくれた。

私はまだリビングルームに両親といた。ソファに座ったままの母の両脇には、これまでお世話になったヘルパーさんが座っている。少し前に二人に別れを告げにきてくれたのだ。明るくてかわいらしくて、いつも優しく、時に母を叱ってくれた家族のようだったヘルパーさんたち。母を真ん中にして、記念に写真を撮った。みんないい笑顔だ。

写真を撮り終わると、〝あぁ、本当に最後なんだ〟と急に恐くなり、ソファに座る母に抱きついてしまった。

「ごめんね、ごめんね」

たぶん、そんな声をかけていたと思う。

悲しくて、辛くて、母との別れが耐えられなかった。

顔をうずめた母のお腹はふわふわで小さい頃から抱きついてきたそれと全く変わらなかった。体重が落ちてもいつも母は顔が丸くて、お腹にはしっかりお肉があった。ぷよぷよして温かかった。何十年も抱きついてきたぷよぷよお腹ともしばしのお別れ。

なかなか顔を上げられなくて、しばらくそのままでいると母が、ヘルパーさんに、

「50過ぎているのに。ねぇ」

と照れくさそうな声で話すのが頭のうしろから聞こえた。

ようやく顔を上げると、少し離れたところから父が、母に甘える私を静かに見ていた。

玄関で姉はせかすことなく、私と両親がやってくるのを待ってくれていた。

こうして私と姉は、長年暮らした家から父と母をタクシーに乗せて、ヘルパーさんたちに見送られてホームに向かった（ヘルパーさんたちはその後、施錠し撤収してくれた）。

車が幹線道路に出ると、父はドライブ気分になったようで、外の景色を見ては「おい、見ろよ」と母に話しかけた。私の両サイドに座る父と母が、車中ずっと楽しそうに会話をしている。これから向かう場所でどんな生活が待っているのか、彼らはどの程度わかっているのだろうか。

道路がすいていたせいか、車は20分足らずで現地に到着した。初めて見るホームの外観に父は「立派な建物だなぁ」と感心した。母は出迎えた生活相談員らに明るい声で「よろしくお願いします」と言った。

20年8月の初旬だった。

父と母を施設に託し、別れ際に職員の一人が家族4人の記念写真を撮ってくれた。今見ると、母がまだふっくらしていて目線もしっかりしている。垂れ目の父が穏やかで優しい表情をしている。私も姉も笑っている。色々あったけれどとりあえず父と母が猛暑到来の前に入所できたことだけは良かったと思った。

翌日、私は実家でレンタルしていた介護ベッドの返却に立ち合った。雨戸も閉められた真っ暗な実家のリビングルームの電気をつけると、前日に父が脱いだズボンが、そのままの形で残っていた。父と母が懸命に暮らしていた日々の名残だ。もうここに二人はいないんだと思うと、胸が締め付けられた。

ベッドが解体された。いきなり居室が広くなった。

目の前からひとつひとつ生活の印が消えていくことは、とても辛い。この解体が、もし二人が亡くなった後だったら、どんなに辛かっただろう。こうやって人は形を消していくのだろう。

やっぱりね。家がいい

母は人生で初めて携帯電話を持った。おしゃべりが大好きな母が施設でもさみしくないようにと、契約したのだ。

入所翌日だったと思う。

夜6時半ごろ母から電話があった。たぶん、職員に頼んだのだろう。

「夕飯食べた？」

「うん。いま朝ごはん食べ終わった」

後ろで職員が「夕飯ね」と言う。

入所しても昼夜逆転は戻らないようだ。

「やっぱりね。家がいい。私は帰る。父ちゃんもここには住めないと思う。いろいろ発表があって。気の毒。みんなと過ごさなくてはならなくて。お姉ちゃんには悪いけれど」

ところどころ意味不明でよくわからないが、聞かなかったことにする。

高齢者が住み慣れた我が家からホームに入所する場合、なじみの家具や、家族写真などを持ち込み、なるべくこれまでの生活との差異がないようにするのが良いとされる。

しかし母は目が見えない。家族写真を置いても見られないし、電話をかけたり出たりもかなり厳しい。居室にいきなり一人になって、どれだけ辛かっただろう。

もしこのままホームで亡くなったら……。

「家で暮らしたい」と言う二人を無理やりホームに入れてしまったのだ。二人が家に帰る時遺体だったらどうしよう……。そんなことを考えるだけでも恐ろしかった。

そうならないために私は何をしたらいいのか。

気がついたら、これまで何度かお世話になっていた地域包括支援センターの担当者に、電話をしていた。

「どうすれば、また在宅介護ができますか」

彼女はおそらく「ようやく特養に入ったばかりで何を言っているのだろう」と思ったに違いない。しかし私は、在宅介護実現のためのネットワークづくりと情報収集に必死だった。とにかく「在宅介護実現のために必要な味方を集めよう」と、そればかりを考えた。ならば最初から施設に入れずにあのまま介護を続けていれば良かったのではないかとも考える。でもきっと無理だったと思う。

入所までの半年間、あれほど介護が不安だった時期はない。

認知症が急激に進んだ母は、幻視も幻聴も暴言も増え、妄想もひどかった。水の入ったペットボトルを父に投げつけたり、湯呑みに入っているお茶をかけたりすることもあった。あれだけ大好きだった父を母が攻撃することに驚いた。私にも厳しかった。あの当時、母の味方だったのは、滅多にやってこない姉と、外部の人（ヘルパーさんたち）だけだった。

周囲の勧めもあり、父と母を少しの間引き離すことにして、私も、母に会う頻度を減らした。3カ月ぐらい、実家に行くのを避けた。1週間だけ父を少し離れたエリアにある住宅型有料老人ホームに預けたこともある（ショートステイ利用）。費用は割高だったが利用日の希望が通りやすかったからだ。

「泊まりなんて嫌だよ」

ひどく嫌がっていた父だったが、いざ行ってみると、冷暖房完備の広くてキレイな個室に3食おやつがついて、コンシェルジュのような優しいスタッフが頻繁に世話してくれる環境に満足したのか、

「ここは最高だよ、ホテルみたいで。好きなだけ本が読める」

と姉に言ったそうだ。このショートステイ先も姉が見つけてきて、申し込みからすべて姉が行った。

この時私が思ったのは、父は施設暮らしが合っているのかもしれない、ということだ。会社員だった父は思考に柔軟性があって、社交的だ。

その環境に入ってみなければ見えてこないことが沢山ある。社交的だから施設生活が合っているというのではなく、誰といると笑顔になれるか、見ず知らずの他人との生活を楽しめるキャラクターかどうか、という視点で見るのが一番わかりやすいと思う。

父は人の話をよく聞く。口数が少なく自分から積極的に輪の中には入ろうとしないが、周囲が賑やかであると落ち着き、それを好む。おそらく、長く女3人に囲まれて暮らしていた習慣なのだろう。

娘二人が結婚して家を出て、妻がボケて意味不明な発言に振り回されて不穏な雰囲気で暮らすよりも、笑顔の人達に囲まれている方が落ち着く。認知症の父にとっては幸せなのかもしれないと、1週間でたしか20万円ほどの高額なショートステイ体験で知ることができた。高かったけど、よい学びになった。

あれだけ父に攻撃的だった母だが、父がいざいなくなると「ねぇパパはどこなの」と心配し、私が敢えて実家から距離を置いて、足を運ばなくなると、今度は「なぜゆきは来ないの」と周囲に尋ね、寂しがるようになったと聞いた。要するに母は父と私に甘えていたのだ。それからしばらくして、母から「あの時はひどいことを言ってごめんね」

と言われた。

私は胸が熱くなって何も返せなかった。謝るより、謝られる方が切なくなる。

それに、本来は私がもっと譲歩するべきだった。認知症で苦しんでいる母に謝らせるなんて、私はなんという親不孝ものだろう。


母は、特養へ入所する日が近づくと、私が実家に帰るたびに、

「泊まっていったら?」

と甘えるようになった。母も苦しかったのだ。当時の私は、日々壊れていく母を「性格のせいだ」「年をとると、性格の悪さが出るんだ」と思い込み、アルツハイマー型認知症という疾患のせいだと考えずに、母の不安定さにいちいち苛立ち、動揺し、言い返して母と闘った。それによって母の症状はどんどん悪化したのだ。すべて私のせいなのだ。

生きていても何の役にも立たない

「動ける(歩ける)認知症は危険」とか「要介護3の頃が一番大変」とよく耳にするが、

実際に介護を体験してみて、確かにその通りだと思った。

頭がしっかりしている時もあるし、冷静にもなれる。口が立って頭も回る。そういう人とやり合ってしまうのはとても疲れる。それなのに、なかなかやりすごせない。それに多少歩けるから、転倒や転落、失踪の恐れもある。一瞬とて目が離せない。


その後、私は介護福祉士養成の専門学校で認知症による症状を学んだ。認知症が生活に及ぼす影響は、一般的な記憶障害や見当識障害（今日は何月何日かがわからない）といったものだけでなく、失行や失認、失語などもある。

服の着方がわからなくなったり（着衣失行）、目の前に探しているものがあって目では見えていても、それだと認識できなかったり（失認）、空間の立体感がわかりにくくて（空間失認）、物を掴みにくくなったり、段差につまずいたりする。

使える語彙も減り（失語）、最後には話せる言葉がなくなるとも言われている。

これらは認知症の「中核症状」と言われるが、この症状に伴うのが「ＢＰＳＤ（認知症の行動・心理症状）」といわれるもので、これも厄介だ。

ＢＰＳＤは主に幻覚、妄想、睡眠障害、気分・不安障害、抑うつ、徘徊、異食、異所排尿などが挙げられる。ＢＰＳＤは認知症になった人すべてに見られるのではなく、環

精神症状	①幻覚	幻視（幻聴・幻触・その他）
	②妄想	妄想、被害妄想、物盗られ妄想、嫉妬妄想、同居人妄想、被毒妄想
	③睡眠障害	睡眠障害（不眠）、夜間不穏、夜に家族を起こす、昼夜逆転
	④気分・不安障害	抑うつ、不安、脅迫、心気、不眠の訴え、薬を何度も要求する、夜に何度もトイレに行きたがる
	⑤自発性の低下	自発性の低下、無関心、一日中うとうとしている、好褥《こうじょく》
	⑥感情コントロールの障害	気分の易変《えきへん》、易怒《いど》、焦燥、興奮、不機嫌、感情失禁、多幸、人格変化
	⑦その他	被害念慮、邪推《じゃすい》

行動コントロールの障害	①脱抑制《だつよくせい》	脱抑制、他人の所有物をまちがえても平気である、他人のものを持っていく、他人のものを盗む、独言《どくげん》、大声奇声、自傷行為、オムツをはずして布団に排泄する、不潔行為
	②性的問題がある	卑わいな言葉を言う、人前で自慰をする、性的逸脱
	③外出要求	ひとりで外出したがる、帰宅要求、無断離脱
	④徘徊	徘徊
	⑤食の異常	過食、甘味嗜好への変化、拒食、異食
	⑥不穏行動	落ち着きのなさ、夜間不穏、多動
	⑦物への執着	物が捨てられない、隠ぺい、収集癖、金銭への異常なこだわり、他者の物をいじる、物を執拗にいじる
	⑧作業への執着	仮性作業、常同行動、器物破損、破衣《はい》
	⑨持続性の低下	行動が続かない
	⑩活動性の低下	無言、無為無動
	⑪その他	自殺企図

対人関係の障害	①依存	依存、つきまとい、寂しがる、仕事のじゃまをする、団らん妨害、夜に家族を起こす
	②孤立	孤立、他者とかかわるのをきらう
	③拒否	拒否、拒食、拒薬、着替えを拒否する、入浴を拒否する、家族と話そうとしない、家族と会おうとしない、他者の好ききらいが激しい
	④攻撃	攻撃的行為、器物破損、攻撃的な言葉、避難、誣告《ぶこく》、他者とのトラブルが多い

※『介護福祉士養成講座13　認知症の理解』（中央法規）をもとに作成

主要なBPSD

	分類	行動・心理症状
中核症状関連の症状・行動	①記憶障害から直接起こる症状・行動	記憶障害、自分の言ったことを忘れる、ものの収容場所を忘れる、繰り返し同じものを買ってくる、同じ事柄・質問を繰り返す、食事や食べ物を何度も要求する、薬を何度も要求する
	②記憶障害からくる日常生活上の障害	火の不始末、かぎの不始末、水の不始末
	③時間の見当識障害	1日の時間帯が分からない、時間の混同、今日が何日か繰り返したずねる、昼夜逆転
	④場所の見当識障害	外出して迷子になる、出口を探して歩き回る、他者の家・部屋に入る、トイレ以外での排泄
	⑤失認・誤認	人物誤認、鏡現象、人形やぬいぐるみを生きている子どものように扱う、異食、食べ物以外のものをしゃぶっている
	⑥作話	作話、つじつまの合わないことを言う、死んだ人について生きているかのように話す
	⑦コミュニケーション障害	会話ができない、意思疎通が困難
	⑧病気の認識	病識の欠如、病気であることを認めない
	⑨整容能力の低下	身なりに無頓着、不潔なままでいる
	⑩社会生活上の判断能力	職場で仕事ができなくなる、問題のある契約をしたり連帯保証人になる、つり銭が分からない、日常機器を使用できなくなる、薬を自己管理できない、危険なのに車の運転をしたがる、道路で車の危険が分からない、人前で状況にそぐわない言動をする、他人のものと自分のものの区別がつかない、トイレの水を流さない、トイレに行く途中で失禁する、トイレ以外で排泄する、歩けないのに立ち上がって歩こうとする

境など多くの要因で発生する。たとえば、周囲が本人の失敗や誤りを指摘したり、本人の自信を失わせるようなことを言ったりすると、だんだん不安感や喪失感が強まってきて、ＢＰＳＤが悪化する。我が家の場合は、「何でできないの？」と介護者である私が二人のミスを指摘したがために、さらに厄介になってしまった、というわけなのだ。

「どうしてできないの？」「どうしちゃったの？　しっかりしてよ」「何言ってるの？今は冬だよ」そんなふうに、つい言ってしまったのだ。

認知症の家族と向き合う時は、たとえ相手にできないことが増えていってもそれを指摘したり、悲しませたりすることなく、いつも笑顔で、穏やかな表情を向けて「あなたはあなたのままでいいんですよ」という態度で接するべきなのだ。それにより、認知症の本人が安心するだけでなく、認知症の進行を抑えることに繋がる。そんな基本的なことを、私は両親を施設に入れてから知ったのだ。

思い起こせば母はよく「生きていても何の役にも立たない」と言っていた。

「また、そんなこと言い出して」

と私は呆れるように返していたが、あの時、

「どうしてそう思うの？」と優しく寄り添い、

「生きてそばにいてくれるだけで幸せなんだよ」

と伝えていればよかったと思う。

それだけで多少なりとも母の不安や孤独感は収まり、落ち着いていたのかもしれない。照れくさいのは一瞬なのだ。

生きる気力の減退ではないか

今考えても、残念な特養だった。

入所した8月は、たった2週間の間に4回も母の事故報告があった。

最初の頃は動揺したが、その後は「あぁ、またか」と呆れるだけだった。4回のうち数回は頭部の打撲だった。9月になると、「お母さんが嘔吐しているのですが、病院に連れて行きますか」と看護師から電話があった。頭部の打撲が影響しているのかもしれない、とすぐに大きな病院に連れて行った。脳に際立った異常は見られなかったものの、1カ月ぶりに見た母は別人のようだった。たった1カ月で人はこんなにも変わるものなのだろうか。

うなだれて首は90度傾き、声をかけても反応はないに等しい。おしゃべり好きだった母はどこにいったのか。生きることを全身で拒否しているように見えた。

後日、総合病院の整形外科に連れて行くと「首下がり症候群」との診断を受けた。母の様子を聞いた医師は、「生きる気力の減退ではないか」と言った。うつ病が原因かもしれない。進行すれば首が下を向いたまま固まってしまうそうだ。

母はつくづく、ホームでの生活に向いていない。我が家を「自分の城」として好きなものを作り、好きなものを食べ、昼寝も好き放題。外出も旅行も好きな時にして生きてきた母にとって、大好きな夫とも離れ、食事も就寝も排泄の誘導も決められた時間に行うという集団生活はたまらないほど辛かったのだろう。大好きなお風呂に長く入ることも、電話での長時間のおしゃべりも叶わず「できないことのオンパレード」の生活に圧倒され、次第に生きる気力を失っていったのだろう。

のちに職員から聞いたが、母は入所してからずっと「帰りたい」「父ちゃんに会いたい」と言い続け、ベッドからの転落も「隣で夫の声が聞こえた気がしたから」と言っていたらしい。母と父の居室は2フロア離れていて、(コロナ禍でフロアをまたぐ移動も禁止されていた)、父が母のフロアに来ることなどありえない。しかし母は誰一人知る人のいないこの建物の中で暮らしながら、たった一人の身内である夫に会いたくてたまらなかったのだろう。

残念なのは、これだけ複数回、母がベッドからの転落や転倒をしても、すぐに職員に気づいてもらえなかったことだ。後日母の転倒の証拠写真として、母が壁に沿うように、へたりこんでいる様子を見せてもらったが、この写真を撮った職員はその時どんな思いだったのだろう。手を貸して起こすよりも先に写真を撮ったこの介護職員の頭によぎったのは「責められたくない」という思いだったのだろう。

結局家にいても、ホームにいても、転ぶ人は転ぶ。24時間スタッフがいるから施設は安心と考えるのは違うと感じた。一人につきっきりでいられるほど施設に職員がいるわけでもないし、父も母も大勢の中の一人だ。ホームにとって転倒事故なんて日常茶飯事なのだ。

ここでできるのは現状維持です

年末、今度は父が「入浴中に意識を失った」と、施設から電話があった。

私は取材中で、折り返すまで1時間ぐらいかかってしまった。駅のホームから慌てて電話をした時のことが、今でも忘れられない。清澄白河の駅だった。

「どういうことですか?」

心臓も血圧も全く問題がない父がいきなり入浴中に意識を失うなんてどういうことだ

ろう。

電話口で担当者は淡々と言う。

「今は大丈夫ですから。その後、昼食もとりました。瞳孔も開いていません」

瞳孔が開いていたら死んでいるのに。おかしなことを言うな。

これは想像だが、入浴介護中に職員が父から目を離してしまったのだろう。気づいた時には、父は浴室で意識を失っていた。どうして一瞬にして気を失ったのか。本当のところは、わからない。

その後、看護師とやりとりをするうちに、入所以来（5カ月間）大事な注射を打たれていなかったことが判明した。父は骨髄異形成症候群《こつずいいけいせいしょうこうぐん》による極度の貧血症状が常にあり、それをネスプという注射で対処している。入居時にこれまでの在宅訪問医から「診療情報提供書」を提出していたはずだが、正しく引き継がれていなかったようだ。

これにより症状が悪化していたのは明白だった。すごく残念に思い、戸惑い、今後のこともあり、契約書に記されていた苦情窓口の一つである（施設が所在する）市区町村の高齢者支援課に相談すると、「事が大きそうなので、東京都国民健康保険団体連合会にも報告するように」と言われた。弁護士にも相談した。裁判で責任追及をするつもりなどまったくなかった。ただ改善してほしかっただけだ。しかし、それは無理だった。

介護保険サービスに関する苦情の相談先

■サービス事業者・施設

利用者からの苦情に迅速・適切に対応するための窓口などがある。
市区町村や国保連の調査などに協力し、指導や助言を受けた場合には必要な改善を図るとともに、市区町村・国保連から求めがあった時は改善状況を報告することとなっている。

■市区町村

事業者などに対する調査・指導・助言を行う、第一次的な窓口。

■国民健康保険団体連合会（国保連）

制度上の苦情処理機関として、苦情申し立てなどに関連して、事業者などに対する調査・指導・助言の権限を持つ。

※厚生労働省の資料をもとに作成

その前後だったと思う。施設の看護師に言われた一言が忘れられない。

「施設でよくなることを期待しないでほしい。ここでできるのは現状維持です」

今ならその言葉の意味は理解できる。特養は病院ではないからだ。特養は要介護高齢者のための生活施設であり、入所者に対して、入浴、排泄、食事等の介護その他の日常生活上の世話、機能訓練、健康管理及び療養上の世話を行うことを目的とすると介護保険法で定義されている。

でも当時の私は、「施設に入れば父と母は元気になる」と強く信じていたので、その言葉は衝撃的だった。

入浴中の事故はおいておくとしても、本来すべき治療を失念されて半年近く経って、症状が明らかに悪化しているという事実をそのままにはできなかった。

母は、あんなところで一人死んでいくのか

先にこのホームを退所したのは母だった。

21年3月の寒い日だった。

母の血圧が急激に上がったと施設から電話があった。収縮期血圧が230だと言う。すぐに「病院に連れて行ってほしい」と伝えたが、「契約の施設医の指示を受けているので、まだ大丈夫です。パッチを貼っていますから」と言われた。

しかし翌日、母の状態は悪化した。このままでは危険だと施設職員らが判断したのだろう。彼らによって、近くの病院に搬送された。即入院となったが、コロナ禍で面会は禁止だ。病院に問い合わせると、血圧は依然高いままだが理由は不明ですべき処置もないという。看護師が電話口で「急変時に連絡する」と言う。死にそうになってから呼ばれても……。

病院の近くに住んでいる姉が入院手続きの後にガラス越しに母を見て、ＬＩＮＥを送

ってきた。

――もうだめかもしれない。

姉妹で母の死を覚悟した。

母は、あんなところで一人死んでいくのか。

たまらなく寂しく、胸が締め付けられた。

とりあえず、特養の契約を解除しよう。姉とそう決めた。

以前からコンタクトをとっていた、看護小規模多機能型居宅介護（以下、看多機）の事業所に連絡した。ここは、在宅介護を支える事業所だ。

父と母が特養に入っても「在宅介護に戻したい」という思いが捨てきれなかったので、地域包括支援センターとのやりとりをずっと続けていたが、母がこんな状態になった今、在宅介護の強い味方である看多機の選択肢を持っていたことが幸いした。

看取りにも強く、看護の手厚い看多機は、手の施しようのない母の受け入れ先としては最高だった。しかも、家でも暮らせる。

ちなみに、看多機は定員制で29人までしか契約ができないので、誰かが解約しなければ新規の受け入れができない。今でも姉と当時のことを話すが、母があの看多機に入れたのは本当に、本当に、運が良かったと思う。

あの時死ぬと思ったから

母の大好きな桜の季節。

母は（自主）退院した。

看多機の施設の建物の前に大きな介護タクシーが止まり、病院から付き添ってきた姉とともにストレッチャーに乗せられた母が下りてきた。少し離れたところから小さく「ママ」と声をかけると「あぁぁ」と言葉にならない声を出した。

あぁ生きている。でもこれからどうなるのか。

運ばれていく母を見ながら嬉しいのか、怖いのか、わからなかった。それでも、生きた母に会えたことが嬉しかった。

母はすぐにベッドに移され、看護師たちが、褥瘡《じょくそう》（床ずれ）はないか、呼吸状態はどうか、嚥下《えんげ》はどうかと全身を手際よく観察・処置していくのを、少し下がったところから見て「ここなら安心」そう確信した。

その後、母には酸素が吸入され、少しずつだが食事も、水分もとれるようになった。

体調急変から入院中まで1週間近く食事をしていなかったため、嚥下の力が極端に低下

施設を移る際の問い合わせポイント10

① 食事介助に時間がかかるようになった利用者への食事ケアをどのように考えているか

② 経口摂取ができなくなり、経管栄養となったとき、引き続き受け入れ可能か

③ 排泄に介助が必要になったり、排泄の意思表示ができなくなったりしたときは、どのようなケアをするのか

④ 入浴は制度基準では最低週2回となっているが、本人の体調などで入浴できないときには、どのような対応をとっているのか

⑤ 就寝前に着替えをしているか（日中の洋服から夜間に着替えを行っているか）

⑥「寝たきりにさせない」をポリシーに、具体的な取り組みをしているか

⑦ 長期入院した後に、（状態が悪化していても）施設に戻ることは可能か

⑧ 看取りケアをどのように考えているか

⑨ 事故やそれに近い状況になったとき、家族にはどのように連絡が入るのか

⑩ ケアプランを作るにあたっての話し合いには、本人や家族はどれくらいの頻度で参加できるのか

全項目でなくても最も興味のあることを丁寧に聞いてみる。そのときの態度や発言内容でその施設の雰囲気が見えてくる（髙口光子さん監修）

しており、食形態はミキサー食になると言われた。水分もとろみをつけないと誤嚥性肺炎のリスクがあるという。慎重に水分と食事を与える日々が始まった。私もできる限り通って母を見守った。

母は少しずつだが、話をするようになった。顔色も良くなった。すぐそばにあるキッチンの匂いや、スタッフの笑い声も母に届いた。家庭的な雰囲気の中で、母は家を思い出したのだろう。周囲の予想をいい意味で裏切ってくれた。

あの時全力で母を看てくれた看多機の看護師がたまに「だってお母さん、あの時死ぬと思ったから」と思い出したように笑う。

私も母はあの時死ぬと思った。きっと母はあの時自分が死んだら、私がこの先ずっと苦しむと思ったのだろう。

娘さん、大丈夫ですか

母の退去に続き、父も特養を退去することにした。理由は、父と母をこれ以上離しておくべきではないと思ったからだ。

母8カ月、父10カ月の特養生活だった。

父を迎えに行った日、小さな花束を担当職員に渡してお礼を言った。その時、介護職員からまず返ってきたのは「娘さん、大丈夫ですか」という言葉だった。

俯きがちに私は「一人で看られます」と返事をして、すぐに立ち去った。

玄関先にすでに施設職員によって運び出されていた囲碁の本などワゴンいっぱいの父の荷物を一人でタクシーに運んだ。誰も手伝ってくれなかったし、挨拶をしてさっといなくなってしまった。

これまで父を看てもらい、父に寄り添ってくれて感謝すべきだとわかっている。それなのになぜかとても悔しくて、腹立たしくて、「もう二度とここには来るもんか」と思ってしまった。思い返せば、差し入れを持って行っても玄関までで、隣にあるトイレを使わせてもらうこともなかった。居室面会は一度も叶わず、結局父と母がどんな部屋で、どんな暮らしをしていたのかを見ることもなく終わってしまった。

タクシーに乗せた父の手は温かかった。

久しぶりに見る外の世界に父は喜んだ。その姿を見て「遺体の引き取りじゃなくて本当によかった」と思った。もしあのまま父も母もこの施設で亡くなっていたら、私はきっと一生自分を責めただろう。

介護医療院	介護療養型医療施設
要介護高齢者の**長期療養・生活施設**	医療の必要な要介護高齢者のための長期療養施設
要介護者であって、主として長期にわたり療養が必要である者に対し、施設サービス計画に基づいて、療養上の管理、看護、医学的管理の下における介護及び機能訓練その他必要な医療並びに日常生活上の世話を行うことを目的とする施設。 **＊2018年4月創設。**	療養病床等を有する病院又は診療所であって、当該療養病床等に入院する要介護者に対し、施設サービス計画に基づいて、療養上の管理、看護、医学的管理の下における介護その他の世話及び機能訓練その他必要な医療を行うことを目的とする施設。 **＊2024年3月31日までに廃止予定。移行先は、介護医療院や介護老人保健施設など。**

サービス付き高齢者住宅（サ高住）
高齢者単身・夫婦世帯が居住できる賃貸等。
国土交通省・厚生労働省が所管する「高齢者の居住の安定確保に関する法律（高齢者住まい法）」の改正により2011年に創設された登録制度。 各居室の床面積は原則25㎡以上、バリアフリーが原則。各居住部分には、トイレや洗面設備等の設置が義務付けられている。 ＊最低限の見守りサービスなどしか提供しないところから、食事の提供や入浴等の介護などのサービスが提供されるところまでさまざま。介護保険法に基づく特定施設入居者の生活介護の指定を受けている施設であれば、一般的な介護付き有料老人ホームとさしてかわらないとされる。**入居の際には十分、特性を調べる必要がある。**

※厚生労働省の資料などをもとに作成

施設の種類と特徴

	介護老人福祉施設(特養)	介護老人保健施設(老健)
基本的性格	要介護高齢者のための**生活施設**	要介護高齢者にリハビリ等を提供し**在宅復帰を目指し在宅療養支援を行う**施設
定義	老人福祉法第20条の5に規定する特別養護老人ホームであって、当該特別養護老人ホームに入所する要介護者に対し、施設サービス計画に基づいて、入浴、排せつ、食事等の介護その他の日常生活上の世話、機能訓練、健康管理及び療養上の世話を行うことを目的とする施設。 ＊原則として利用は**要介護3**以上。	要介護者であって、主としてその心身の機能の維持回復を図り、居宅における生活を営むことができるようにするための支援が必要である者に対し、施設サービス計画に基づいて、看護、医学的管理の下における介護及び機能訓練その他必要な医療並びに日常生活上の世話を行うことを目的とする施設。 ＊病院からの退院と在宅生活の復帰を結ぶ中間にある施設であることから**中間施設**とも呼ばれる。

	有料老人ホーム
基本的性格	民間が運営する高齢者の生活の場。入居に当たっては、公的施設に比べて金銭的な負担が大きい。
定義	老人福祉法第29条の1に規定するホーム。老人を入居させ、「入浴、排せつ又は食事の介護」、「食事の提供」、「洗濯、掃除等の家事」又は「健康管理」の少なくとも1つのサービスを供与する施設。 類型として**「介護付き有料老人ホーム」**、「住宅型有料老人ホーム」、「健康型有料老人ホーム」がある。「住宅型」は生活支援等のサービスがついた高齢者向けの居住施設で、介護が必要となった場合は入居者自身で地域の訪問介護等の介護サービスを利用しながら(当該有料老人ホームの居室での)生活の継続ができるが、「健康型」の場合は、介護が必要となった場合は、契約を解除し、退去しなければならない。

介護アドバイザーの高口光子さんが以前こう話していたのを思い出した。

「私が以前、老健（介護老人保健施設）で働いていた時、ご家族にこうお尋ねして意思の確認をすることがありました。『もし今夜お父（母）さまがうちの施設で亡くなられたら、あなたはなんでこんなところで死なせてしまったのかと思いますか』と。というのも、私たちの仕事は、信頼関係を作り上げる仕事だからです。滅多には聞きませんでしたが、（ご家族の）ご要望と違うな、と感じた時は確認をしていました。亡くなってしまってからでは取り返しがつかないからです」

老人ホームでの事故は少なくない。転倒や転落だけでなく、誤薬に誤嚥、異食もある。安全のために、と親の命を預けた施設で不本意な事故により命を落としたら、子どもはどう償えばいいのだろう。つくづく親の介護は、施設や病院選びも含め、責任が重いと思う。

介護に正解はないし、命を落とせばやり直しがきかない。

何を選択したらよかったのか、と悔やんでも悔やみきれないことがいっぱいある。

もし時間を戻せるとしたら、在宅介護が限界になった時、二人を特養に入れずに「父だけグループホーム（正式名称は「認知症対応型共同生活介護」）に入れて、母は有償サービスを利用するなどして手厚い訪問を入れた在宅一人暮らし」でも良かったと思う。母の方こそ家にいさせるべきだった。

当時は地域密着型サービスを知らず、「グループホーム」のこともわからなかった。名前は聞いたことはあったが、「グループで暮らすところでしょ」ぐらいで、特養との違いも理解していなかった。

家庭的な雰囲気のなか、小規模な集団で暮らすグループホームは、社交的で誰かがそばにいることで安心する父にはピッタリだった。認知症ではあるが排泄も食事も自立していた父は、入居条件もクリアしたはずだ。一度、訪問看護師に「お父さんは、グループホームが合っていると思うよ」と言われたことがある。その時はなぜか「施設は特養」と思い込んでいて、グループホームの定員や入居条件や特徴を調べることすらしなかった。

歩行がおぼつかなくなり、病気が進行した今、父はもうグループホームには受け入れてもらえないだろう。でも視点を変えれば、あの時グループホームに入っていて、のちに父の病が進行して退所を迫られたとしたら、それはそれですごく焦ったことだろう。

介護は常に選択を迫られる。そのたび、慌てたり、悩んだり、苦しんだりする。でも前に進むしかないのだ。そのとき、自分が下した決断が最善のものだと信じるしかないのだ。立ち止まってはいられない。

介護を始めて4年。それが介護の肝なのだと、ようやくわかった。

第四章　家と施設のいいとこどり生活

最後まで住み慣れた我が家で暮らしたい

母が看多機の施設にお世話になり始めたのは2021年4月2日だった。

看多機とは、「小規模多機能型居宅介護」（以下、小多機）に、「看護」のサービスがついたもので、医療依存度の高い人の在宅生活を支える介護サービスだ。「通い」を中心に、利用者の希望などに応じて居宅への「訪問」や短期間の「泊まり」を一つの事業所で包括的に受ける。

介護保険サービスの利用は、通所（デイサービス）はA事業所で、訪問介護はB事業所、ショートステイはC事業所というように複数の事業所のサービスを組み合わせるのが一般的だが、小多機や看多機ではすべて一つの事業所のスタッフが行う。そのため、利用者の体調変化にも気づきやすいという点や、スケジュールを体調変化などにあわせて臨機応変に変更できるのがメリットだ。しかも利用料は月額定額制（食事代などは実費請求）で、利用の回数にも制限がない。介護は24時間体制で、地域に根ざしていることから「介護のコンビニ」と呼ばれている。

「最後まで住み慣れた自分の家で暮らしたい」と望む人には心強いサービスの一つだが、介護保険サービスの中でも、市区町村が指定する地域密着型のため、住民票がある地域のサービスしか利用できない。中には、利用したい看多機がある市区町村に引っ越して、住民票を移す人もいるらしい。

というのも、地域格差がないとも言えないからだ。小多機や看多機が今住んでいる地域に少なければ、定員いっぱいということもある。その場合は、利用（契約）するまで待機しなければならない。

母の場合は体調悪化が理由で急に決めたので、契約は入居当日だった。入院先からの転入のため、本人面談もなかった。

事前の申し込み（相談）の際に、私は事業所の代表に「来週から介護の専門学校に行くので、平日の日中に私が在宅介護するのは難しい」と正直に話した。看多機のサービスを利用するということは、すなわち在宅介護を始めるということなので、「2年間も平日に通所、もしくは泊まりを利用するなんて、とんでもない」と断られる可能性もあった。もしそうなったら、入学を取りやめるつもりだった。学校はいつだって通えるし、大事なのは今生きている父と母だからだ。

すると、事業所の代表は、「介護福祉士になるの？　入学試験は受けたの？」「せっかく合格したのであれば、頑張って2年間通って資格取得を目指したらいいわね」「すごいわね。これから勉強頑張ってね」と言ってくれた。看多機は特養や老健のような「生活施設」ではない。主介護者である私が「平日はほとんど無理。ケアできない」というのに、受け入れてくれた。あの日のやりとりを思い出すたび、温かい気持ちになれて、孤独に一人で頑張って介護している人の気持ちに寄り添える介護福祉士になろう、と決意を強められる。

特養で母は、何度も転倒して認知機能も低下し、精神的にも不安定になり、その都度、家族は施設に苦情を言い、ストレスをためて、やり場のない怒りや情けなさに苦しんだ。「特養になんて入れなきゃよかった！」と何度も思った。

でも、母がここでお世話になるようになって、24時間看護師や介護職員に見守られ、声をかけられ、笑顔を見せながら安心していく姿を見て、特養でもきっと、心ある職員に見守られていたんだろうな、本当はもっと感謝を伝えるべきだった、と省みた。

介護の学校に通い始めて、現場で働くということの素晴らしさ、そんな仕事を選ぶ人の背景などを考えるようになった。きっとみんな、誰かの役に立ちたいと、介護の世界に入ったに違いない。

特養にいた頃、ごくたまに母がいたフロアの介護職員と話す機会があった。職員は、「お母さんが話を聞いてくれるからいつも愚痴っちゃって（笑）」とか「今日もお疲れ様！　とか言ってくれて、私の方がお母さんから元気もらっているんですよ」と話してくれた。母を病院に連れて行き、施設の玄関で介護職員に母を引き渡す時も、「お帰り！」と母の肩をさすりながら、優しく迎え入れてくれるのを見たこともあった。その頃は、とにかくその時に自分がやらなければならないことに必死すぎて、冷静に人の行動を見ることができなかった。でもこうして思い出すと、当時特養の職員たちは懸命に母の命や笑顔を守ってくれていたのだ。

看多機では面会の制限がなかったのでいつでも母に会いに行くことができた。自転車を止めて玄関に入る前に手の消毒をして玄関先にある受付表に名前を書いている時点でいつも、室内からの笑い声が聞こえてきた。

中央に横幅の大きなテーブルが二つあり、そこを見渡すようにキッチンがあり、奥には泊まれる小さな部屋がある。

日中は、通所にきている利用者（1日の定員は19人までと決められている）がいつも大勢いて、レクリエーションをしたり、昼食をとったりして賑わっていた。夜は泊まりの利用者（9人まで）がいる。看護師常駐の「泊まりのできるデイサービス」と考えるとわかりやすい。

特にここは、いつも利用者も職員も大勢いて、活気づいていた。しかも職員と利用者の距離が近くて、開かれたサロンのように見えた。昼食も、職員は利用者と同じものを一緒に食べていた。キッチンで作ったものを一緒に食べることもあれば、蕎麦の出前のこともあった。意図せず昼食時に訪問してしまった時は、面会に行った私までも、ごちそうになってしまった。


特養に入ったばかりの頃、生活相談員に「他の入居者から、お父さんがトイレを汚すとクレームが来ている」と注意を受けたことがある。在宅介護時代からわかっていたものの、「どうにかして」と言われても……。そういうのを受け入れるところが介護施設なのではないかと少々残念に思った。

一方、感心したのが、看多機の職員たちだった。父は相当トイレを汚したと思う。でもそれについて職員から指摘されることは1回もなかった。トイレットペーパーを大量にとって自分の枕元においたり、ポケットに入れたりもしていた。申し訳なさから時々、トイレットペーパーを購入して、施設に差し入れたほどだ。

するとある日、こんなことを職員から聞いた。

「お父さんがトイレに行く前には敢えてトイレットペーパーの量を少しにするんです。すると、お父さんは遠慮するのか、あまりとらないんです」

なるほど。何かを抑制したり我慢させたりするのではなく、父を自由にさせつつ、問題を回避するという点が素晴らしいと思った。こういうのは利用者目線になっていなければ、できないことだと思う。

家だぁ〜

福祉用具専門相談員に連絡をして、実家の玄関前で使うスロープをレンタルすることになった。実家は門から玄関扉までの間に数段のステップがあり、急な蹴上の割に踏面が狭いため、スロープを置いても急斜面になってしまう。どう安全に車椅子の母を運んだらいいのかが問題だった。しかも、スロープのレンタル月額費用は若干高めだったため、母が実家に戻る日毎に申し込むようにした。

在宅介護生活が、再び始まった。がらんとしたリビングルームに介護ベッドが2台入ると、

「あぁいよいよだな」

という気持ちになった。

すでに住宅も改修されていて、手すりもある。

1年前と違うのは、母が完全に歩行不可能になったため、「どこでも手すり」は不要になり、その代わりに介護ベッド上で使う可動式のテーブルが必要になったことだ。これまでは転倒しないための家づくりをしていたが、状態が変わると、必要なモノは変わる。今度は寝たきりにより発生する褥瘡《じょくそう》を予防するグッズが必要になった。これは個人的に褥瘡防止クッションを購入した。

二人はどんな顔で帰ってくるのだろうか。

環境を整え、必要物品を用意しながら想像した。

実家には、時々帰っては風を通し、手入れをしてきた。

それも、「いつかまた、ここで両親が暮らせたら」との思いを捨てきれなかったからだ。築50年近い我が家は傷みが激しかった。リビングルームの窓の枠の下の木は朽ちて

穴があき、室内の角という角には蜘蛛の糸が何重にもなり、1階の浴室隣の棚に仕舞っていたタオルや衣類は、湿気でぐっちょりと濡れていた。

家に帰るたびにゴキブリ駆除剤と防湿剤を購入した。

思えば、父と母が暮らしている時は、家に溢れていたゴミと異臭にイラついて、キレまくったものだが、ここに二人がいてくれるならゴミ屋敷でもなんでもいい。そう思いながら、暗く誰もいない静かな家の中を掃除した。父と母がいない実家に帰るのが寂しくてたまらないと姉にいつかこぼしたら「テレビをつけたら寂しくない」と姉が言った。テレビをつけたら、もっと寂しくなった。

この家の主は、父と母なんだ。


10カ月ぶりに母が実家に戻ってきた時のことをよく覚えている。

「家だぁ〜」

母は玄関に入るなりすごく大きな声を出した。

「家に帰ってきたのね。家なのね」

母は施設に入ってからずっと「家に帰って大好きな父ちゃんと一緒に暮らす」と言い続け、父の幻の声でベッドから転落したり、転倒したりした。これまでの家で父と暮らすことだけを考えて生きてきた。

そしてようやく、それが叶う日が来たのだ。

しかし、明らかに1年前と状態の違う二人。一人は完全に寝たきりだ。

本当に、私一人で同時に在宅介護ができるのだろうか。

看多機の職員たちも私の不安をよくわかっていた。いきなり二人の在宅介護のスタートは無理だろうと、まずは1、2泊で父と母を実家に戻し、在宅介護に挑戦するということになった。

不安そうにする私のために、ケアマネさんが丁寧に時間ごとにやるべきケアを記したメモをくれた。体位変換、水分摂取、おむつ交換のタイミングやそのやり方など。それを見て改めて母の介護負担が大きいと感じた。母が口にするものには飲料だけでなくすべてにとろみをつけなければならないし、食事中もそうだが、食後の姿勢にも注意が必要だ。「誤嚥性肺炎」が命取りになるからだ。

おむつ交換も適切にできずに清潔保持ができなければ、尿路感染症になり、死に至ることもあり得る。見守り不足でベッドから転落し、首の骨でも折れば即死だろう。とにかくすべてが死と隣り合わせなのだ。

私の介護力が問われる。

母を父を死なせないための本格的な在宅介護が始まった。

介護の負担の大きさから、この期間の食事は母には市販のムース食を、父にはお弁当を出すことにした。それでもいっぱいいっぱいだった。

今、「やってあげてる」って言った？

家に帰った母は、私の介助を受けるたびにこう言った。

「私は一人で生活できるから」

認知症による発言なのか。それとも性格によるものか。

体も生活も人生も思い通りにならないストレス。娘に命令される情けなさ。死ぬほど私に介護されるのが嫌だったのだろう。

私も、いちいち腹を立てた。

「そうなの？　ご飯はどうするの？　もう台所に立てないじゃない」

「弁当をとるから大丈夫」

「誰が玄関までとりにいくの？」

「私が行くわよ」

当時のケア表(2021年9月)

6:00	母	おむつ交換&陰部洗浄
	父	リハビリパンツ交換
	父母	洗面(温タオルで顔拭き)、口腔ケア促し(覚醒状態を確認)
7:00	母	200ccにとろみ材3杯、食事、お皿に移し替えて温める
	父	200ccにとろみ材1杯、バナナやヨーグルト、おかゆ、とろみ付き味噌汁など(一口サイズで食べやすく)
7:30	父母	口腔ケア促しと確認
	父	朝薬内服
7:40	母	ベッドダウン・側臥位
9:00	母	おむつ交換
	父母	お茶200cc(とろみ材は母に3杯、父に1杯)準備。その後摂取を促す
9:30	母	ベッドダウン・側臥位
11:00	母	おむつ交換
	母	200ccにとろみ材3杯、食事、お皿に移し替えて温める
	父	200ccにとろみ材1杯、お弁当
11:30	父母	口腔ケア促しと確認
12:00	母	ベッドダウン・側臥位
14:30	母	おむつ交換
15:30	母	200ccにとろみ材3杯、プリンかジュースなど
	父	200ccにとろみ材1杯、やわらかめ一口大のおやつ
16:00	母	ベッドダウン・側臥位
17:00	母	おむつ交換
18:00	母	200ccにとろみ材3杯、食事、お皿に移し替えて温める
	父	200ccにとろみ材1杯、お弁当
18:30	父母	口腔ケア促しと確認
	父	夕薬内服
19:00	母	ベッドダウン・側臥位
20:00	母	おむつ交換
	父母	お茶200cc(とろみ材は母に3杯、父に1杯)準備
20:30	母	ベッドダウン・側臥位
	父	全身に軟膏を塗る
21:00	母	おむつ交換
就寝前	母	おむつ交換(パッドは大きいものをつける。ジャバラにして充てる)
深夜	母	体位変換

「歩けないじゃない」

「這《は》って行くわよ」

「どうやってベッドに戻るの？」

露骨には言わなかったが、母は「なんであなたに看てもらわないといけないのか」といつも思っていたのだと思う。

看多機は介護サービスの中で、「複合型」というものなので、一つの事業所内で包括的にサービスを提供すると定められている。そのため、使い始めた時点で介護保険を使った他の事業所のサービス利用ができなくなる。利用する場合は、全額自己負担となり、1時間あたり3000〜4000円ほどかかる。そんな仕組みを知らない母は、「（これまで利用していた事業所の）Eさんに来てもらう」と言い出した。

私だって頼めるものなら頼みたい。一人でやりたくない。でも姉は「介護はしない」と一貫していた。私には子どもがいないので、手伝ってくれるのは夫ぐらいだった。それも日中は仕事があって実家には行けない。母の希望に応えられない。

疲れてくると、私も言葉が荒くなった。

「せっかく準備したのに」と漏らすこともあった。すると感度のいい母はすかさずそれを聞いて、噛みついてくる。

「今、『やってあげてる』って言った?」

「そうは言っていないよ」

おむつをうまく調整できずに、ベッドの上で座り込みながら汗だくになって格闘したこともある。「ごめんね。ありがとう」と言ってくれることもあったけど、「やっぱりヘタね」と言われると、落ち込んだ。寝たきりで、どこにも行けず、イライラしていたのだろう。

甘えたくないのか、迷惑をかけたくないと思っているのか、夜中に、おむつ交換をしようとしたら、「汚れていないからいい」と固く拒まれたこともある。

(今、パッド交換をしないとまずいんだよな)

そう思ったが、母が嫌がるので諦めた。

その翌朝、パッドからの尿漏れでパジャマどころかシーツまでびっしょりと濡れた母はさぞ冷たかったろう。しかし、母は朝になっても「やっぱり換えて頂戴」と言わず、9時頃に迎えに来てくれた介護職員に「濡れちゃった」と素直に言った。

「じゃ、向こうに着いたら着替えましょう。とりあえずこのまま車に乗りましょう」

とバスタオルでくるまれると安心した表情を見せた。

このやりとりを見て、いったい私の存在は何なんだろうと空しくなった。母の声を一番近くで聞いて、その願いをかなえるために、いろんなものと闘ってやってきたつもりだったけれど、全然寄り添えていなかったのだ。

家族介護が理想だとは言われているが、自分の弱いところを子どもだけには見せたくない、子どもの言うことは聞きたくない。そういう人にとって、本当に家族による介護が幸せなのだろうか、と疑問になるのだ。

この看多機も残念ながら1年も経たずに解約することになるのだが、本音を言えば、私はずっとここでお世話になれたらと思っていた。スタッフは優秀だし、両親も慣れていた。私も母も父もここのスタッフみんなが大好きだった。

でも泊まりの希望が多すぎたことで、本来の看多機の利用の仕方とは、ずれてきてしまったのが、解約の一番の原因だ。泊まりには定員があるのに、いつも父と母が利用するので、他の人が泊まりづらくなってしまい、事業所が調整に苦しんでいるのを見て、申し訳なく思った。

介護職員からも看護師からもケアマネさんからも「施設の方がいいのでは」と言われた。要するに私は主たる介護者としてやりきれていなかったのだ。

当時ケアマネさんに書いてもらった別施設への申し込み用紙（介護状況調査）を見た

時はとてもショックだった。

「主介護者との関係性が良好ではなく、本人が家族介護を拒否している」

みんな知っていたのか。やっぱりな。

それなのにみんなが「ゆきさん頑張って」と言ってくれていた。そして私自身も「私が両親を看ないと」と必死になりすぎていた。今思うとすごく恥ずかしい。

両親が看多機に泊まっている時、私が行くといつも母と口喧嘩になり、私が帰った後は母の精神が不安定になると聞いた。ある時から職員に「お母さんには会わないで帰った方がいい」と言われるようになり、事前にまとめられていた洗濯物を玄関先で受け取ってすぐに帰ったり、父とだけ話をして帰ったりするようになった。まとめられていない時は、母のベッドの後ろに置かれた洗濯物を無言で引き取り、母にわからぬようにしのび足で帰った。母には見えないので声を出さない限りわからない。しかし、ちょっとしたことでばれることもあった。

職員からはお母さんには会うなと言われ、母からは「なぜ会いに来ないのか」と言われた。「家に帰りたい」と言うから家に帰したのに「あなたに介護されたくない」と言われる。

一体どうしたらいいのか。これが介護の難しさなのだろうか。

——家族介護は本当に幸せなのだろうか。

またね、また会おうね

看多機を利用するようになって数カ月後、父が入院した。8月だった。

看多機の看護師から深夜、私の携帯に何度も着信があった。

気づいたのは、5回目の着信だった。

父の様子がおかしいという。夜11時頃トイレに行った時、いつもと違う様子に気づいた夜勤のスタッフが、

「胸が苦しいよ」

と口にする父の状態から異常を察した。すぐに看護師が救急搬送すべきだと判断。その前に家族である私の携帯に連絡をしてきたのだった。

私はいつも就寝前、着信音をONに設定した携帯を寝室にもちこんでいるのだが、その日は、うっかりしていてリビングルームに置きっぱなしの鞄に入れたままだった。

様子を聞いてすぐに救急車を依頼し、病院に搬送してもらった。私が到着したのは午前3時頃だった。病院に入ると、静まり帰った深夜の病院のロビーの椅子に、いつも父

のケアをしてくれている看護師がポツンと座っていた。それまで私はいつも父と母の急変事に一人で対応していた。この時初めて私はもう一人じゃないのだ、と感動した。

父は誤嚥性肺炎だった。

39度近く熱があり、酸素飽和度も90を切っていたため、すぐに酸素吸入を始めた。

諸々の手続きを終えて、父と別れた時のことが忘れられない。

明け方になっていた。ようやく病室の手配がすみ、移る時だった。

ストレッチャーに乗って酸素を吸っている父の手を握り、色々話そうとしたが、不安と悲しさと寂しさで、声が詰まってしまった。

ようやく出た「またね、また会おうね」の一言が、涙声になっていた。父にばれぬように明るく笑って手を振って別れた。この時の父の姿を携帯で動画で撮ったが、今でも思い出すと胸が詰まってしまって、見られない。

母は、いきなり看多機の部屋からいなくなってしまった父を心配していた。

「大丈夫よ、私が病院に行って、話を聞いているから」と言える時もあれば、「ママが死ね死ねって言うからだよ、ほんとにパパ死んじゃったらどうするの」とひどい言葉をかけることもあった。母の隣にいた看護師が悲しそうにやりとりを聞いていた。

行き場のない思いを自分でもどうすることもできなくて、溢れる感情の中でおぼれてしまうようだった。毎日、病院と看多機の往復をした。洗濯物を取りに行き、市販のとろみ材を持参し、褥瘡予防クッションも持って行った。強風の日に、自転車の後ろのかごに入れたはずのそのクッションが風にあおられて、なくなっていて、自転車を降りて何メートルも引き返したこともある。クッションを追いかけながら、私って何やっているんだろうと、悲しみがこみ上げてきた。

毎日、数十キロも自転車に乗っていたせいか、8月下旬に、ぎっくり腰が悪化して、歩くのもしんどくなった。あの頃は、私が倒れたら誰が両親の世話をするのだという責任感だけで生きていた気がする。

父の入院中に、母も熱が出たらしい。

あの二人はいつもどこかが繋がっている。きっと、私も。

父の入院中の混乱具合はすさまじかった。コロナ禍で、面会も叶わない。しかも彼は認知症。

初日は症状の安定のため、とりあえず酸素を入れないといけない。口には透明のオキシマスクをつけられたが、「これは何だ」と、紐を引っ張ろうとする。

説明しても短期記憶がないために、すぐに外してしまうので「やむを得ない身体抑制等」の同意書にサインする羽目になった。初めて見た時はぞっとしたが、こういう書類があることで逆に安心する。「しないで済むなら、なるべくしない方向でお願いします」と添えたうえで同意した。

入院の時に「ここは○○病院です。パパは今入院中です」とマジックで書いた紙をベッドのそばに貼ってもらっていたはずだが、それでもわからなかったようで、「帰ります」「最寄り駅はどこですか」と周囲に言い、病室から出ようとしたこともあったらしい。

入院して3日もすると、ようやくここが病院だと認識できるようになったようだが、今度は、「寂しいんだよ」「こんなところにはいられないよ」「おかしくなっちゃうよ」と電話してくるようになった。

「死んでもいいから、ここから出たいんだよ」

9日目。電話口で父が「今、朝ごはん食べたんだ」と言う。「夜だよ」と言うと、「あ、今、夜なのか」

認知症の人にとって環境の急激な変化は大きなダメージになる。よく「入院してすっかりボケてしまった」と聞くが、もともと「ボケて」いる人が入院すればさらに「ボケる」。本人の混乱具合はすさまじい。周囲も大変だが、本人が一番辛いと思う。

退院は1カ月後だった。あの日、深夜に運ばれた時は、父はもう本当にダメだと思った。それが何事もなく、生きて病院を出ることができた。あの時病院に付き添ってくれた看多機の看護師をはじめ、父のために力を尽くしてくれたすべての医療従事者に感謝の気持ちでいっぱいだ。

長生きすると子どもに迷惑かけるからな

母は、相変わらず看多機の一室に泊まりっぱなしで、月に1回、家に戻れたら良い方だった。

一方、父は月に数回は実家で過ごした。私はそれに合わせて、実家に泊まった。はじめの頃、父は家に帰るたび、「ママは?」「ママは?」と母を探した。

「ママは看多機に泊まっているよ」

何度説明してもわかってもらえなかった。父にとっては、「我が家=特養に入る前の二人暮らし」の記憶のままなのだ。幸いなことに特養での日々をまったく覚えていなかった。

父は、トイレまで誘導をすれば自立して排泄ができる。しかしリハビリパンツや下着が濡れることも多く、たまに失禁もあったので、頻繁に衣類の交換を行った。その都度父は「何で着替えなくちゃならないんだ」と聞いてきた。

着替えている最中に、貧血でふらっと倒れそうになることもあった。いつも「ここを摑んで」と声をかけて手すりを摑んでもらい、安定した姿勢でズボンを取り換えた。転倒して頭でも打ったら大変だ。老人は不安定なものであっても、手当たり次第に何でも摑む。だから必ず、安定した場所に誘導した。

夜中は多い時で1時間おきにトイレに起きた。目が覚めるたびに父は母を探した。排泄時はなるべく私も起きて一緒に行ったが、知らぬうちにトイレに行くこともある。座って用を足した後は、足したことも忘れて座ったままのこともあった。なかなか戻らない父を心配してトイレに迎えに行くことも多かった。

それでも尿意も便意もわからず、意思と関係のない時におむつを交換される母よりは幸せなのかもしれない。私はいつも「汚さないで」「もっと便器の前で用を足して」としつこく言ったけれど、いつかトイレにも行けなくなったら「トイレを汚しながらもあの頃は一人で行けていたんだ」と懐かしく思うのかもしれない。それでも、尿で溢れた床面を毎度拭くのは辛かった。尿のキレが悪いのか、いつもズボンや下着が汚れた。毎日大量の洗濯に追われた。

ある時は、私が熟睡してしまい、トイレに付き添えなかった。すると便漏れをしたらしき父が、自分で下着を交換しようと、タンスの引き出しを開けている音で目が覚めた。以前、そこに母が下着をしまっていたことを覚えていたのだ。

介護保険適用の訪問入浴サービスがあるが、父も母も看多機と契約をしているので、別事業者のサービスは（介護保険で）使えない。従って、泊まりを利用していない時の入浴介助は自分でやらないといけない。看多機の職員による訪問介護で入浴介助をお願いしたこともあるが、頻繁に依頼するのは厳しかったからだ。

一度、ケアマネさんがやってきて入浴介助の方法を丁寧に教えてくれた。ただやはり自分一人では心配だったので、看多機に泊まっている時の入浴に限定した。入浴をしない日は、蒸しタオルで全身清拭をした。


二人同時に家に帰ってきた時は、息つく暇もない。父も嚥下機能が落ちてきたので、むせ込み防止に飲み物にはとろみをつけて出した。食事の用意は、母にはミキサー食、父には通常食（きざみ）。母のおむつ交換と、父の着替え。清潔保持のための清拭など、やることは山ほどある。自分の夕食を食べ忘れていたことに、布団に入ってから気づいたこともある。夜も3時間おきに二人の寝息を確認し、頻繁にバイタル（血圧、体温、酸素飽和度）チェックを行った。

30分でいいからゆっくりしたい。誰か1時間でも家に来てもらえたら、といつも願っていた。「お風呂に入る時間もない」と廊下でこぼすと、ベッド上の母から「風呂なんか入らなければいい」という言葉が槍のように飛んできた。本来は人に気を遣う優しい人。私も母も、あの頃はぎりぎりだったと思う。

「市販のミキサー食を利用して適度に力を抜いて」

ケアマネさんからこう助言をもらっていたが、これまで特養で我慢させてしまった負い目から、なるべく母の好きなものを食べさせたかった。ミキサー食専用ハンドブレンダーを買って、どら焼きやあんぱんを出した。母は「おいしー！」と喜んでくれた。砕き方が足りず、りんごのカタチが少し残ってしまったこともある。でも母は「嚙むからいいわよ、適当で」と言ってくれた。「好きなものは誤嚥しない」というのはその通りだと思った。

とはいえ、万一のためにと、喀痰《かくたん》吸引器が我が家に置かれた。使うことはなかったが、安心だった。

父にも母にも好きなものや、食べたいものを食べさせてあげたいと必死になったが、寝たきりになった母はそんなに多くの量を食べられない。本人は食べようとするが、食べすぎるとすぐに体に異変が現れる。

父は特養に入る前とは明らかに異なり、食も細く食べる速度も遅くなった。以前は、「放っておけば、いつも何かを食べている」と母に呆れられるほどエンドレスの食欲だったのに、朝はなかなか起きられず、起きてもエンジンがかからず食事をしない。昼ご飯も食べたがらず、夜にやっと食事をするということもあった。コーヒータイムにビスコを出すと、

「あぁコーヒーが飲めてビスコが食べれてみかんが食べれて幸せ！」

と子どもみたいに叫んだ。包装紙を見ながら、

「ビスコちゃんの寿命が長いな、たいしたもんだ」

なんて言っている。

私が朝晩に父の熱を測ったり、着替えや整容（洗顔や歯磨きなどの衛生ケア）の手伝いをしたり、せわしなく動いていると、「一緒にビスコ食べようよ」とさみしそうに言うこともあれば、ぽろりと「長生きすると子どもに迷惑かけるからな」とこぼすこともあった。

特養にいた空白の10カ月を取り戻すかのように、私は父のこれまでの習慣を再現するようにした。こうすることで罪悪感が薄れていくのも感じた。

庭に出て、緑を見せた。

隣のお宅の庭で子どもたちが水遊びをしていた。父と一緒に庭から声をかける。父は微笑ましそうに見ていた。隣家とは二人が生まれる前からの付き合いだ。引っ越してきた時、母はみかんの木を贈ったらしい。それを知ったのは私が介護で家に帰るようになったこの年だ。

父と一人で向き合って疲弊していた時に、玄関のチャイムが鳴り、

「みかん、どうぞ」

と奥様が持ってきてくれた。

「このみかん、お母さんから頂いたみかんの苗木で育ったものです」

10年も前の母の好意が、こんなふうに月日を経て、私に戻ってきた。

父の大好きなみかん。

ちょうど家のストックがなくなったので買い物に行きたいけれど、父を一人にはできないと困っていた時だった。

「ありがとうございます」

おそらく10歳は年下の奥さんから、「無理しないでください」と言われた。

やっと解放される！

父と母が看多機から家に戻れる週末はほんの数回しかなかったが、毎回、夫も私と一緒に実家に泊まってくれた。

父と母の言動にいちいちイラつき、「おかしいでしょ？」「あれ、変だよね」と愚痴る私に、「あなたの方がおかしい」と夫はいつも冷静に言い、父と母をいつも一人の人として見てくれることが嬉しかった。

「そうだね。最悪」などともし言われたらそれはそれで、ちょっと残念だったかもしれない。夫がそのようなことを絶対言わない人だとわかっていたので私は甘えていた。私は夫にはただ愚痴を聞いてもらいたかっただけ。一緒に父と母を守ってほしかっただけなのだ。

看多機を利用し始めて半年も経つと母も回復してきた。

認知症なのに感情は鋭く冴えていて、父の誕生日で家に帰った時は、「家って最高」

食事に関わる注意点（ケアマネさんからの指示）

- ◆ 姿勢に注意（まっすぐに正す）。
- ◆ 食事は（水分摂取も）覚醒を促してから。
- ◆ 一口大にして飲み込みやすいように。
水分にはとろみをつける。
- ◆ 時間を区切って、ダラダラと食べないようにする
（食べすぎ注意）。
- ◆ 口腔ケアを行い、食物残渣《ざんさ》に注意。
- ◆ 食後はすぐに横たわらない
（ベッドのギャッチアップを高くしておく）。

と喜ぶ反面、

「これ以上迷惑はかけられませんから、もう出ないといけないと思っています。どうぞ施設を探してください」

と言うこともあれば、

「もう二度とこの家には帰りません」

とも言った。

情緒不安定でもあった。それなのに私は、

「言いましたね？　いま、施設を探してって言いましたね？　じゃ、探しますよ。いいですね」

と意地悪く返した。

母が悲しそうな顔をする。

せっかく母が家に帰ってきているというのに、私はいつも台所や洗面所にいて、常に動いていた。洗濯機は1日最低2回は回

していた。乾燥機はずっとかけっぱなしだ。

「ゆき〜ゆき〜」

と母がベッドから呼んでいる声が廊下の向こうから聞こえる。しかし聞こえないふりをした。

父も私も、母の妄想や愚痴はまともに聞かない。気が付けば、いつも母のベッドの近くに、夫がいた。彼は母に向かって、

「そうなんですか」「大変でしたね」

なんてゆっくり応えている。

大昔、母が夫に、

「別れたらいい人紹介してあげるからね。私はあなたの味方だから」

と言っていた。そんな母が今、愚痴を何度も何度も私の夫に聞いてもらっている。

2泊の実家滞在を終えて、父と母が看多機に戻る（というより、泊まりに行く）時は、

「やっと解放される！」

という気持ちだった。

迎えの職員がやってきて、玄関で見送る時、母は振り向きながら、

「ゆき、ありがとね」

と言った。そんなに優しい声が出るのならば、一緒に過ごしている時に聞きたかったな、と思った。

また新しい人間関係を築くのね

22年の冬は、コロナ感染者が爆発的に増えた。1月下旬には父も母も感染し、それぞれ別の病院に入院した。

結果的に両親の症状は軽かったが、二人が同日に発症し、時間差で救急搬送された日は大変だった。

先に症状が出たのは父だった。搬送された病院で手続きを済ませ、ようやく我が家に戻った夜12時過ぎ、玄関に入った瞬間に「お母さんが発熱している」と看多機から電話が入った。

さっきまでその近くの病院にいたのに、と思いながらまたタクシーに乗って、母のところに行った。看多機の職員が防護服で母に対応してくれていた。

すでに到着している救急車に乗り込むと、意外にも母は元気で、

「あら、来てくれたの」

と嬉しそうだった。

数時間前の父の時と違い、搬送先が決まらない。やはり今、病床はひっ迫しているのだ。

救急隊員が20軒以上の病院に問い合わせをした。ようやく、受け入れ可能になった病院は、車で1時間以上、電車では乗り継ぎ含め1時間半ぐらいのところにある都立のコロナ対応病院だった。

そんなところには入院させたくない、と普段なら思うような遠さだが、今考えると、あの時、入院治療できる場所が見つかっただけでも本当に良かった。

けたたましいサイレンを鳴らして、母と私を乗せた救急車がようやく動き出した。

ストレッチャーに横たわる母は、サイレン音に即座に反応し、

「救急車が走ってる！」

と言った。「ここだよ」と言うと、「あ、そうか」と笑った。それぐらい余裕があった。

搬送先で入院手続きを済ませると、明け方の5時を過ぎていた。

昨晩8時に父の発熱の連絡を受けて救急病院に行ってからノンストップで9時間。始発電車で家に戻ると8時になっていた。急いでシャワーを浴びて9時からの学校のオン

ライン授業に参加した。

その途中で病院から電話がかかってくる。おむつや衣類を持参してくれという。母のためにラジオも持って行かなければなどといろいろ考えを巡らせていると、授業が全然頭に入らない。私はいつまでこんな感じなのだろう。

この3月で学校を退学するつもりだった。父と母の在宅介護をしながらの通学はもう無理だと思った。進級は諦めて、介護に専念しようと。しかしその時、

「せっかくここまでやってきたのに。最後までやり通せ」

意外にも反対してくれたのは、姉だった。

そんな中、看多機が一時営業を中断した。

職員にも利用者にも感染者が出ていて、再開するまでは1カ月近くかかるという。担当者は私にこう言った。

「この機会にお母さんを、施設に入れたらどうですか。退院後ならスムーズですし」

家族介護を拒否し、なかなか家に帰れず、実際は看多機に泊まりっぱなしの母は、施設暮らしも同然だった。

コロナが蔓延している現状では、退院後に看多機に戻れない。家にも看多機にも帰れないということは、結局ホームしかない。

急いでホーム探しを始めた。

なんだか振り出しに戻った気分だが、そんなことを言ってもいられない。

この時初めて病院内にある退院調整室とやりとりをした。メディカルソーシャルワーカー（以下、ＭＳＷ）が、入院患者の退院先の調整をする。病院側の責任として、しっかり退院後の生活の安全性を確保しなければ退院に繋げられない。患者家族に寄り添ってくれるのが有難かった。

さっそくＭＳＷがホーム探しの手伝いをする担当者（別会社）を紹介してくれた。希望のエリアと予算といったこちらが提示する条件に沿ったホームをすごいスピードで探し、面談のアポまでとりつけてくれる。いくつかの施設に見学と面談に行ったが、どれもしっくり来なかった。紹介されるのは特定のチェーンのホームばかりで、どこも似たり寄ったり。紹介の後には、「どうでしたか?」の確認の電話があった。最初は頼もしく感じたが、やはり自分で探すことにした。まずは、母のための施設を。同時に父の施設も検討した。

最終的に二人とも特養は諦めた。

母には、実家から車で10分ぐらいのところにある、有料老人ホームに決めた。

たまたまその企業の系列のホームに知り合いがご家族を入居させて「とても良かったよ」と言っていたのを覚えていたからだ。隣に公園があり、環境面の良さだけでなく、物腰が柔らかで明るい職員にも惹かれた。

入居前の見学時に、副ホーム長の「ここは料理が美味しい。個人的にはてんぷらが」と聞いて、「ここだ！」と思った。母はてんぷらが大好きなのだ。居室も若干広めで高級感があった。利用者の定員も50人ほどという規模感も良かった。

経済的なことを考えると特養の方が良かったが、今はそんなことも言っていられない。母の退院日まで時間もない。人気のところはどこも満床だ。

この時、「急いで決めると失敗が多い。空いているところは人気がないところです」と以前に専門家から聞いていたのを思い出した。あぁこういうことか。

でも私が決めたところは、人気がなかったからの空床ではなく、どうやらタイミングがよく1室だけ空いていたようだ。あれから1年以上見ているがいつも満床なので、運が良かったのだと思っている。

月額の支払いは、特養の3倍近くになったが、これも仕方ない。

高額な入居金を支払うのは避けて敢えて「入居金なしのプラン」を選んだ。月額の支払いは高くなるが、死亡したり、途中退去になったりしても、「戻ってこない入居金」

を嘆くこともないからだ。

入院中の母に説明すると「また新しい人間関係を築くのね」と、やや面倒そうだったが、意外とすんなりと受け入れてくれた。たぶん、よくわかっていなかったのだ。


母はコロナから回復し、退院することになった。

病院から長時間ストレッチャーのまま介護タクシーで移動し、このホームに移ってきた。玄関に入ると、大勢のスタッフがストレッチャーの母の顔を覗き込むようにかわるがわる挨拶する。これからよろしくお願いします、と母も笑顔で応えた。

とはいえ入居した当初はここでもベッドからの転落を繰り返した。

しかしホーム側の素早い連絡や、根気強い対応が好意的に映った。起きたことよりも、起きた後が大切なのだと感じた。途中からはベッドからの転落防止策を練るのではなくベッドをやめて、低床ベッド（マットレスだけを床に敷いている状態）になった。それだけ母が動いてしまって危険だったのだろう。

特養を出て、すぐに携帯電話を解約してしまった母がホームの電話を借りて、

「ここは嫌。もう帰る。迎えにきて」と電話をしてくるようになった。

「そうか。わかった。でも今日はそこでご飯食べようよ」と私が言うと、

「えっ。ご飯予約してくれているの？」と言う。母はここをホテルだと思っているのだ。

「うん。予約済み。安心して」

「じゃ、帰るの、明日にしようかな。明日迎えにきてくれる？」

こんなやりとりを、ほぼ毎日繰り返した。そしてある時から電話が来なくなり、母が落ち着いてきたと知り安心した。

ホーム長がとても優しくて母がその彼を大好きになったのだ。面会に行くと私に「孫なの」と紹介する。ホーム長も「孫です（笑）」といつも母の手を握ってくれた。ちなみにホーム長は私の世代よりちょっと下ぐらい。孫は言い過ぎだろう。

特養を利用していた1年前は、施設側に何かお願いごとを伝えると、「それはできない。希望するなら有料（老人ホーム）に行ってください」とよく言われたことを覚えている。その意味が少しわかった気がする。要求にこたえるかどうかというよりも、寄り添い方の根本が違うのだろう。

介護だけでなく人生は選択の連続だ。選択を誤ることもあるが、軌道修正だってやり直しだって、なんだって命がある限りできる。大事なのは「悔い」を引きずらないことだと思う。

執筆している現在は、このホームに（母がいた居室に）父が入居しているが、私はこことの出会いに100%満足している。自分で探し、自分で決めたことには責任が持てるし、覚悟ができる。介護に必要なのは「覚悟」なのだ。誰かが決めた決断に動いたり、合わせたりすると、心がついていけなくなる。できるだけ主導的に自分で決めていくということが、大事なのだと思う。

風邪ひくなよ

母に続いて父もコロナから回復し、退院することになった。

父の場合は、母ほど介護度が高いわけでも、介護拒否もなかったので、当面はホームに入らず、これまで通り看多機を利用しながら在宅介護を続けることになった。

昼過ぎに看護師二人に見送られてタクシーに乗った父は、外の景色を見ながら、

「いい天気だね。空が青いね」

と嬉しそうだった。

「そうだよね。ずっと病室だったもんね」

良かったね、と父に声をかける。

以前もこんなやり取りがあったのを思い出した。特養から出た時のことだ。

しかし、少し認知症が進んだのか、今回はタクシーに乗ってからもまだしばらくぼんやりとしていた。言葉があまり出てこないようだ。

ご飯を食べる速度もさらに遅くなった。夕食に出した豚の生姜焼きは一切れしか食べなかった。テレビを観ながら手がとまる。食事をしながら疲れてしまう。

それでも、相変わらずトイレの回数は多く、夜は私も全然眠れない。明け方4時過ぎに起きてお茶を淹れる。飲み終わって布団に入る父がこう言った。

「つまらんことで寝られんかったなんて言っちゃだめだよ。お互い様だからね。あと2時間たっぷり寝られる。こういう時間になっても寝られるって、幸せだよ」

超前向きな父は、布団に入った後の私に、遠くから声をかけてくる。

「一休みしなさいよ」

でも父の方が、布団に入ってからむせ込んでいる。

頻繁にトイレに起きる父に付き合えず、ベッドで寝ていた時だった。トイレから戻った父が、私のベッドめがけて歩いてきたので思わず寝たふりをした。

父は、私に布団をかけた後、

「風邪ひくなよ」

と言い、自分のベッドに戻っていった。

認知症になっても、その人らしさは変わらない。父の父らしさはそのまま残っている。そんなところに触れられて心が温まる瞬間があるから、介護って続けられるんだよな。

コロナに感染し、入院をした時はとても心配だったが、こうやって家に戻ってこられた。

2月、3月は学校の授業もオンラインだったので、実家で父を介護しながら授業を受けることができたが、4月になると対面授業が再開し、朝9時から夕方4時過ぎまで平日はずっと学校に行かなくてはならなくなった。

看多機の泊まりの利用日数にも限度があったので、父が平日に泊まれない時は、通いのサービスを利用することにした。朝に私が家を出る頃に介護職員や看護師が迎えにきて、私が学校から戻ってくる時間にあわせて、家に帰ってくる。

こうすれば、父が一人になることもない。

しかし、父にとってはこれがよくなかった。移動のストレスと環境の変化（リロケーションダメージ）で認知症はさらに進み、体力が極端に落ちてしまったのだ。

それに何より、毎朝、父を送り出すのが大変だった。

通所の迎えにあわせて、朝7時には父を起こし、朝食を食べさせる。

「まだ寝ていたい」と言う父に「迎えが来るから、食べて食べて」とまくし立てる。その都度、「迎え? どこに行くんだ?」と混乱する。これを毎日毎日繰り返すのだ。「眠くて、食べられないよぅ」と言う父に私は強引に「食べて」と言い、食後は「薬飲んで」「着替えましょう」と出かける準備をする。

その合間に私も着替えて化粧をして、荷物をまとめて学校に向かう準備をした。子育てというものをやらずに生きてきたが、幼稚園に子どもを預ける準備をしながら働く親は、こんな気分なのだろうか。

「どこに行くんだ?」

「いつものホームだよ」

「そんなところには行ったことはない。なぜ行くんだ」

時には、特養の入所と誤解したのか「本を持っていく。準備しなくては」と慌てることもあれば、迎えの職員が来ても、「行かない。家にいる。家にいさせてくれ」と泣きそうな目で私に訴えることもあった。

いやだ、いやだと言いながら連れられて行く父を見るのは、とても胸が痛んだ。やっぱり進級をしなければ良かったのか。そう思ったが、4月になり、2年生になり、カリキュラムはどんどん充実していく。前期試験はすぐにやってくる。進みだした歩を止められない状態で走り続けた。

「いやだ、いやだ」と言っていた父も、見慣れた看多機の玄関に到着すると、すっと室内に入り落ち着くと聞いて安心した。

とはいえ、看多機に着いてもまだ混乱が続くという日もあったらしい。

少し経つと、「最近は（移動の）疲れもあってか、ベッドで横になる時間も多くなりました」とか、「今の生活は、お父さんにとって負担が大きいのでは」と看護師やケアマネさんから言われるようになった。

私も通学の疲れや、テスト勉強や、こなさねばならない課題もあり、せっかく家で父と過ごせているというのに、父とゆっくり向き合えなくなった。これがすごく、残念だった。

私はいつも慌ただしく、余裕がなかった。

父の些細な言動に、イライラすることが増えてしまった。

父がテレビを見ながら無意識に指を食卓の上でトントントントン叩き続ける小さな連続音がなぜか耐えられなかった。今ならそれが認知症のせいだとわかるが……。

「うるさい、それやめて」

と強く言ったり、大音量でテレビを観たりするのにも我慢できなかった。テレビのリモコンの音量をいじれぬようにテープを上から貼ったり、リモコンを隠したりした。

父が同じことを何度も聞くと、

「もう何度も同じことを聞かないで！」

とキレた。父も言い返してくれればいいのに、

「ごめんな」「ぽーっとしていてごめんな」

と言う。その後の私の罪悪感は激しかった。

やっぱり喫茶店はいいなあ

「親が長生きすると子どもは大変だよな」

父はよくこう言った。

なぜこうなるのだろう。

どうしてこんな言葉を父に言わせてしまうのだろう。

父が1年前に「生きて」特養から出て、ようやく一緒に暮らせるようになったというのに、「泊まり」を利用する日、父を送り出した後の私は「万歳気分」で自分のマンションに帰った。

そして数日の後、またその道を通って実家に行き、泊りがけで父の介護をする。自宅のカレンダーに、実家に泊まる日には×で印をしているのを見た夫が、

「どうして○じゃなくて×なの？」

と聞いてきた時にハッとした。

実家に行かなくてもいい日は本当に嬉しくて、カフェでゆっくりお茶が飲めることがこんなにも幸せなことなのかと、しみじみと感じた。

よく考えると、私が真剣に密に在宅介護をしたのは、この4カ月だけだったと思う。慣れたらもう少し違ったかもしれないが、慣れる前に私は挫折した。

6月に、父を有料老人ホームに入れた。

父は輸血もしているし、通院の頻度も高く、前回のこともあるので、特養は考えなかった。プロフェッショナルなスタッフに恵まれている、母が暮らしている有料老人ホームにしたのだ。母は元気だから、母を別のところに入れて、父をそこに入れてしまおう。母には悪いとは思ったが「パパのためなら」と即答してくれた。

ようやく慣れたところだったので、本音をいえば母を出したくなかったが、空床もないし、あったとしても二人分の月額の支払いは負担が大きすぎた。

6月の昼下がり。

私は朝からそわそわして、午後になってから父に「コーヒーを飲みに行こう」と声をかけて夫と3人で近所の喫茶店に向かった。

「なぜそんなに荷物が多いんだ」と父は聞いてきたが、私は無言で車椅子を押した。晴れた日だった。

「いつものアメリカン」

久々の喫茶店に父は嬉しそうだった。

いつも父とパンケーキを食べた行きつけの珈琲館だ。

「やっぱり喫茶店はいいなあ」

いつものように頼んだパンケーキだけど、いつものようには喉を通らなかった。ホームと事前に約束した時間が近づいて店を出た。

3人でタクシー乗り場まで行くと父はおいおい、という表情になり、

「どこに行くんだ?」

聞いてきたので、

「ママがいるホーム」

と返した。

「今日からあなたは老人ホームで暮らします」

とは言えなかった。

ホームに到着し、現地で待ち合わせした姉とともにホームの1階の会議室で契約書を交わしている間、夫には父の居室にいてもらった。いきなり個室に案内されて戸惑うだろうと思ったからだ。

案の定、父は夫に、

「説明してくれよぅ。何でここにいるんだ」

とずっと聞いていたそうだ。さぞ大変だったろう。のちにあの時、何て答えていたの？　と聞くと「うーん。困りましたねぇ。とかかな？」と夫は笑って答えたが、父のそばに夫が寄り添ってくれて有難かった。

姉のご主人も近くまで来てくれていた。母も自分が施設を出るギリギリまで担当のケアマネさんに「夫をよろしく」と言っていたらしい。こんなふうに、家族総出で「父を有料老人ホームに入れる作戦」を強行した。

来てくれてありがとう

今でも父はそこで元気に暮らしているが、会いに行くと、

「ここはキレイでいいな。ちょっと寂しいけど」

こう言いながら、ソファに座ってのんびりとテレビを観ている。このソファは、特養の入所の際に、少しでもリラックスしてもらいたくて、購入したものだ。特養時代はこのソファに座る父を見ることが叶わなかったが、父がこれに座ってテレビを観ながらリラックスしている姿を見られて、やっとほっとした。

ただ、やはり父が有料老人ホームに入ってからポロリとこぼす「寂しい」という言葉には、いつも胸が痛んだ。

ホームでは、食事と3時のおやつ時間と、2時からのレクリエーション以外は、基本的に居室で過ごす。職員は頻繁に訪室してくれるが、他の入居者もいるので、そう長く部屋に滞在することは叶わない。

「寂しがり屋なのでできるだけ声をかけてほしい」「一人で居室においておかないで、1階（のロビー）に誘導してみんながいるところでコーヒーを飲ませてほしい」と、施設側には常々頼んでいたが、これにも限界がある。

そこで、ケアマネさんに相談し、定期的に訪問マッサージをお願いすることにした。

週2回、1回20分ほど。本当はもっと長くお願いしたいところだが、父ほど高齢で貧血症状がある場合、長時間のマッサージは負担らしい。それでも父にとっては、話し相手が居室に来るということで、刺激になりすごく良かったと思う。担当者が居室に入ると、父はソファでうとうとしている、という日も少なからずあるようだ。良い刺激になるだけでなく、体もほぐれて、一石二鳥。

費用は1カ月で約4万円（自己負担はその1割）。支払いは引き落としになっているが、毎月、依頼者である私に「療養費支給申請書」が郵送で送られてくる。私はそれに署名と捺印をして返送する。その時に同封される「訪問施術録」をいつも興味深く読んでいる。父の様子がわかるからだ。

僅か数行の「訪問時の体調・症状（実際の施術内容）」のメモから日頃の父の身体や心の状態を推し量る。たとえば「施術中は会話多め（身体の硬さについてなど）」とか「施術前は腰が痛いとおっしゃっていたが、その後は腰の痛みはないとおっしゃった」などだ。

走り書きのようなメモであっても、施術内容や体調などが書かれているのは嬉しかった。

ある日のメモに、目が留まった。

「居室に入ると『来てくれてありがとう』とおっしゃった」

誰かが話しかけに部屋に来てくれることが父の心の安定につながっているのだと改めて思った。

この訪問マッサージはその後、週3回に増やした。それにあわせて費用も月7万円ほどになった。


それ以外で契約しているのは、訪問リハビリ、訪問歯科、訪問医の3つ（いずれも月2回ほどが原則）。

本音をいえば、これ以外にあと一つ、二つぐらい増やして父の寂しさを紛らわせたい。ホームに入居させれば終わり、ではなくて、いかに本人にとってより良い（笑顔になる）生活になるかを考えて、必要に応じて外部のサービスを追加していくのが大切なのだと、両親を施設に入れてから思った。

施設に入れば24時間スタッフがいるから、在宅よりも安心、と考える人は多いと思うが、特養も有料老人ホームも、今はどこも人材不足。四六時中誰かがそばにいてケアしてくれるというのはほぼ不可能だ。その現実から目を背けてはいけないと思う。

あの子は私の子じゃないの。大嫌い、あの人大っ嫌い

在宅介護の限界点は、どこにあったのだろう。

まず、介護人がもう一人いれば、精神的にもゆとりができて、大らかな対応ができたというのはベースにある。一人で全部を行っていたがために些細なことに苛立ったり、不安になったり、困ったりした。

父が同じ質問ばかりを繰り返すことにも耐えられなかった。質問内容は毎回驚くほど同じだったので、その回答を録音して流したいと思ったほどだ。それに対して、ちょっとでも適当に返すと、驚くほど伝わり不穏になる。さらに「なんでなんで」と質問が増えることも多々あった。イラついて声を大きくして言い直すと、甲高い声になるためか、さらに聞こえづらくなり、聞き返される。悪循環だった。

物知りで好奇心旺盛な父は昔から、わからないことがあるとすぐに辞書で調べるほどだった。ゆっくりテレビを二人で観ようと思っても、テレビ画面で動く人の言葉や、テロップの中身をひとつひとつ聞いてくる。説明しているうちに、画面は切り替わる。また説明する。

言葉の理解力の低下は著しく、「りんご、食べてね」と言っても、

「『りんご、食べてね』って、どういう意味?」

と聞き返されたこともある。

「これはりんごです。どうぞ」と言い換えられれば良かったが、「もういいっ、食べなくても」と諦めることとの方が多かった。

もっと大変だったのは、鍵への執着だった。日夜時間を問わず玄関を通るたびに、ドアの鍵がかかっているのかを確認する。夜トイレに行くたびに、鍵を締めたりかけたりする音が家中に響く。いつからか疲れて私だけ2階で寝るようになったが、2階の寝室にまで響く。長い時間カチャカチャとやっているので、近所迷惑になっていたはずだ。

1時、2時、3時、4時と鍵の開け閉め音が毎晩毎時間続く。その度に下に降りて、「かかっているから大丈夫」と声をかけてベッドに戻るように説明するが「かかっていない」と父は言い張る。玄関でパジャマ姿の押し問答。もう私は、ノイローゼになりそうだった。

「もう耐えられない。助けてください」

看多機の代表の携帯にショートメッセージを送ると、彼女は飛んできてくれた。深夜1時を過ぎていたというのに。こんなふうに父だけでなく、私にも寄り添ってくれた。

父を通所に送り出す日の朝、「お願いです。今日は父を泊めてください」とお願いしたこともある。これ以上、父に対して、キツイ口調になったり、暴言を吐きそうになったりするのが耐えられなかった。

とにかく父と二人で家にいる間、もっと誰かに間に入ってもらいたかった。

それだけで、父と煮詰まる回数は減ったと思うし、私のイライラも不安感も和らぎ、もう少し在宅介護が続けられたかもしれない。


父を連れて定期的に通院介助をするのも、かなり大変だった。

「こんなところになぜ来るんだ」「ここにはなぜ客が少ないんだ」と、わからないことが不安で待合室で大きな声を出した。そのたびに私は周囲に頭を下げながら「ちょっと、静かにして」と言った。すると「何でなんだ」と怒り出した（今は認知症が進行して、ここまで言葉が出ずに、待合室ではぼんやりと過ごしているか、寝ている）。

当時はあまりにもひどかったので、父のいとこに同行してもらったことがある。なじみの顔がやってくると、父も安心したのか、終始素直に待合室に座ってご機嫌だった。

誰かがいる、というのは大きい。

家にいる時もそうだった。

定期的な薬の配達とセッティングのために、薬剤師が家に訪れただけで、玄関に光が差したようだった。

「今、父と煮詰まっていたんです」

泣きそうな顔で言ったことが何度もある。薬剤師の滞在時間はいつも10分ほどと短かったが、父にもいつも優しい声かけをしてくれた。

「お元気そうですね」と言われた父は、笑顔を見せて姿勢を正した。

在宅介護は多職種連携のチームケアが肝だが、何かあった時にチームが発動するのではなく、常に頻繁に多職種（介護福祉士、医師、看護師、リハビリテーション専門職、ケアマネージャーなど）が「調子、どうですか」と顔をのぞいてくれるような環境整備が望ましく、それが十分でないと、家族一人による在宅介護には限界が来てしまう。現に私がそうだった。

もっと余裕があれば父に対しても、母に対しても、もう少し優しくなれたはず。こんなことにはならなかったろう。

父だけが家で過ごせて、母には看多機での泊まりが続いたことで、母は相当ストレスが溜まっていたと思う。年末年始も帰れなかったことを、母はずっと愚痴っていた。

父と母の泊まりなどのスケジュールを私とケアマネさんで決めていることに特に腹が立っていたようで、「私の許可なく勝手に決めるな」といつも怒っていた。

そもそも母は我が家の司令塔で、父の通院にも付き添い、いつも母が決めたことに父があわせて生活をしていた。

泊まりを利用中の母に会いに看多機に行くと、

「私はいつ帰れるの？」「どうして私は泊まりっぱなしなの？」「なんで私に決めさせてくれないの？」

母は露骨に私に不快感をぶつけた。

「あの子大っ嫌い」と、遠くから私めがけてティッシュケースを投げつけてきたこともある。その後、母は信頼する看護師のKさんに言った。

「あの子は私の子じゃないの。大嫌い、あの人大っ嫌い」

まさにこれが認知症なのだ。

母にいつも寄り添ってくれていたKさんはその時、私にこう説明してくれた。

「お母さんは、自分が親として、妻として、やりたいという思いがあるんでしょう」

わかってあげてね、優しくしてあげてね。と言わんとしているのが伝わってきた。言葉にしなかったのが私への優しさだったと思う。

あの時、母を丸ごと受け止められなかった自分を情けなく思う。

贅沢だねえ

介護には悔いや罪悪感が付きまとう。

正解がなく、先も見えない中で、誰かに褒められたり認められたりすることもなく、溜まっていくのは自責感のみだ。

「もっと何かができたのではないか」

両親を特養に入れたばかりの頃の私は、罪悪感に押し潰されそうだった。この間までは、父と母が暮らしていた時の二人の写真をリビングに飾り、二人のものはいじらず、この家を守ろうと思った。時々、誰もいない実家に帰ってソファに座り、父や母がしていた時のようにぼんやりと庭を眺めた。

ある日、福祉用具の返却のために実家に帰った時、1階のベランダの雨戸を開けると、父と母がいつも牛乳をあげていた黒猫がそろりとやってきた。懐かしくなり、牛乳を用意しようと急いで台所に行くと、その隙にいなくなってしまった。それから一切寄りつかなくなった。

「だって、お父さんもお母さんもいないんでしょ」

そう、猫から言われている気がした。

その後、父と母が特養を退所し、再び（看多機を利用しての）在宅介護が始まった頃、

「天気もいいしね、庭に出ようか」

父に声をかけた。

二人でベランダに椅子を出して座り、コーヒーを飲みながら日向ぼっこをした。父は嬉しそうで、「贅沢だねえ」と繰り返した。

見上げると、隣の家の塀の上に、ちょこんと猫が座り、こちらを見ていた。

「おぉ黒い太った方か」

父が懐かしそうに笑った。

「ちょっと待っててね」

急いで台所に行き、母がしていたように牛乳をトレイに入れて出すと、黒くて太ったあの猫は、昔のように飲んでミャーと鳴いた。

私がずっと抱えていた罪悪感が薄れたのは、この時だったと思う。

「嫌がる親を特養に入れた」という私にとって負の記憶が「過去の出来事フォルダ」にすっと入ったような感覚だった。

こんなふうに、生きていれば辛い出来事の上に、楽しいことや幸せが上書き保存できる。こうやって、心を温めたり、清めたりして生きていく。それが人生。逃げ出さず、歩を止めず、全力でやってきて良かったと思う。

コラム｜認知症とどう生きるか

かつては、痴ほう症と呼ばれていた認知症。２００４年の介護保険法の改正で、「認知症」と呼び名が変わった。介護保険法上では「アルツハイマー病その他の神経変性疾患、脳血管疾患その他の疾患により日常生活に支障が生じる程度にまで認知機能が低下した状態として政令で定める状態」と定義されており、日常生活に支障が出て初めて認知症とされる。

脳の画像で明らかな変化があったとしても、日常生活が問題なくこなせていれば、認知症とはいえないのだ。

ここ数年、認知症を取り巻く環境が変わりつつある。

23年の6月には、**認知症基本法**（共生社会の実現を推進するための認知症基本法）が成立、24年に施行される。認知症になっても、尊厳を保ちながら希望をもって暮らせる社会を目指す法律で、これにより認知症当事者も家族も、社会の理解や協力を受け、前を向いて歩ける社会になることが期待される。

アルツハイマー病の原因物質に直接働きかける新薬、「**レカネマブ**」も厚労省により正式承認された。治療薬の開発には長く失敗が繰り返されてきたが、ここにきてようやく、希望の光が見えてきた。

認知症はなってからが「勝負」だ。ならないようにすることも大事だが、認知症になっても進行を緩やかにする。これも「認知症の予防」の一つなのだ。

認知症の予防には、三段階の考え方がある。一次が「発症を遅らせる」、二次が「早期発見・早期対応」、そして三次が「進行を遅らせたり、BPSDの発症を防ぐ」だ。65歳以上の5人に一人は認知症になると予想される時代。「なってからどう生きるか。認知症とともにどうやって自分らしく生きていくか」を考えていくべきだ。それは当事者だけでなく、認知症患者の家族にも求められていくだろう。

地域で開催される「認知症カフェ（オレンジカフェ）」などに行って、介護家族や本人、専門職らと会話をして、認知症の知識や介護のヒントを求めたり、心の休息を得たりするだけで、認知症との向き合い方が変わり、介護の精神的な負担が和らぐこともある。

認知症になっても周囲の助けを借りながらできることはあるし、その人にしかできないこともある。何を求めているのか、どういうサポートがあれば、その人らしく笑顔で暮らすことができるのか。介護する側は、認知症のケア法（パーソン・センタード・ケアやユマニチュードなど）などを通して優しく寄り添い、本人を理解する努力を続けたい。一人ひとりの意識が変われば社会は変わる。認知症は決して他人事ではないのだ。

第五章　施設と病院で暮らす父と母

食形態はこのままで

母は6月に、父のために有料老人ホームを出て、老健に移った。

私の家からは、電車とバスを乗り継ぎ優に1時間以上かかるが、緑豊かな環境で、建物に入る時、いつも鳥の鳴き声が聞こえた。

入所の2週間後にさっそく、施設の会議室で「サービス担当者会議（略してサー担）」が行われ、私も出席した。「サー担」とは、ケアマネさんが行うケアマネジメントのプロセスの一つで、事前にケアマネさんが作った「ケアプラン（原案）」をもとに、実際に介護に携わる多職種のスタッフらが内容を確認し、最終的な合意へと導いていくための大事な会議だ。取り仕切るのはケアマネさんで、この会議に家族が出席することは必須ではないが、続くプロセス「利用者・家族に対する（ケアプランの）説明、文書による同意」がよりスムースになるため、参加が望ましいとされている。

その日は母の生活相談員や、医師、看護師、リハビリ担当者ら多職種の職員たちが一堂に会した。一人の高齢者のために多くの専門職が関わり、生活を支えているということが、こういう場にいると改めて感じられる。

情報共有としてもとても意味がある。また、電話ではなく、対面で希望を伝えたり、ケアプランの疑問点を尋ねたりもできるので、細かいニュアンスも伝えやすい。

私からは以下4点の希望を伝え、頭を下げた。

①ベッドからの転落に気をつけてほしい

②ラジオをずっとつけてほしい

③孤独を感じないように、なるべく声をかけてほしい

④食支援の充実（栄養の確保のお願い）

いつどこにいても同じことをいろんな人にお願いしているな、と思う。

会議の終盤でST（言語聴覚士）さんからの、「お見かけするに通常食でも食べられるのでは」という指摘があった。できることに目を向けてもらっていることを有難く思

った。できないことではなく、できることを探す。それを活かすのは介護の原点である。しかし母に起きたこれまでのいろいろな事故を思い起こし、残念には思ったが「食形態はこのまま（ムース食）で」とお願いをした。お米の塊が本当に危険なのだ。

1000円の歯科治療のためにタクシー代3万円

施設暮らしで問題になるのは、歯の治療だと思う。

一般的に、施設には提携の訪問歯科医やSTさんがいて、往診がある。しかし、残念ながら、本格的な治療は望めない。持ち込める器具に限りがあるため、仕方のないことかもしれない。

母の場合は、インプラントにしている歯もあり、定期的なケアが必要だった。在宅時代は頻繁にクリーニングにも行っていた。それが、歩行がおぼつかなくなり、外出が厳しくなってからは遠のいていた。ざっと数えても5年は行っていなかった。

母が歯の痛みを訴えているというのは、入所以来ことあるごとに聞いていた。月２回ある訪問歯科医による往診の初回に、「虫歯もあるし歯のぐらつきもあるので、治療した方がいい。ただ、レントゲンもないので、こちらでは診られません。ご家族で何とか

高齢者を支える、介護や医療、福祉の専門職一覧

介護福祉士	介護の専門知識や技術をもって介護を行う国家資格の専門職。「社会福祉士及び介護福祉士法」に基づき登録を受けた者。法の改正に伴い、一定の研修後に喀痰吸引や経管栄養の実施が可能となった。
社会福祉士	福祉に関する相談援助の専門職。介護福祉士同様、国家資格。地域包括支援センターでは、総合相談だけでなく権利擁護の対応も行っている。病院勤務の医療ソーシャルワーカー（MSW）は、患者や家族を社会福祉の立場から支援する。
サービス提供責任者	訪問（居宅）介護計画の作成、助言、指導などを行う。
介護支援専門員（ケアマネジャー）	介護サービス計画（ケアプラン）を作成する。各関係機関との連絡調整を行う、いわゆる司令塔。「主任介護支援専門員」は、介護支援専門員の実務経験が5年以上あり、主任介護支援専門員研修を修了した者。
訪問介護員（ホームヘルパー）	高齢者の家を訪問して、在宅生活に必要な支援を行う介護職。
福祉用具専門相談員	高齢者の自立した生活を福祉用具で支援するため、一人ひとりにあった福祉用具を選んだり、相談内容に基づいて利用計画を立てたり、使用法の説明や状況確認などのモニタリングを行う専門職。
生活相談員	特養やショートステイなどに配置される専門の相談員。施設入居の申し込みから退去の手続き、利用者家族や各機関との連絡、調整業務を行う。
医師、歯科医師	医療（歯科医療）および保健指導を行う。通院困難な患者の自宅や施設などに訪問して医療を提供するのが、訪問医（訪問歯科医）。
看護師	保健師助産師看護師法を根拠とする国家資格（業務独占）。医師が処方した薬の投与や管理を行う。
薬剤師	調剤、医薬品の供給、薬事衛生を行う。訪問薬剤師は、在宅で療養中の患者宅に訪問し、調剤や服薬サポートから健康管理を行う。
作業療法士（OT）	各種「作業」を通して行うリハビリテーションの専門職。
理学療法士（PT）	運動療法や物理療法で行うリハビリテーションの専門職。
言語聴覚士（ST）	言語訓練や、摂食・嚥下障害にかかわる訓練や支援を行う専門職。
管理栄養士	医療施設や特養、老健などさまざまな場所で、健康と栄養の管理を行う。

※厚生労働省の資料などをもとに作成

してください」と言われていたのに、ずっと放置していたのだ。かかりつけのS歯科医院はとても遠く、半日がかりになるからだ。

生活相談員と電話で話した際に、母に電話口に出てもらって、「歯、痛む？」と聞くと、「痛い。けど我慢できるよ。大丈夫」と言ったり、「舌で触れると痛い。勿論痛いわよ」と答えたりした。

生活相談員に、近くにおススメの歯科医院はないか、と聞いたが「あまり知らない」と言う。

しばらく考えたが、思いきってS歯科医院に連れて行くことにした。

施設からは30キロ以上も離れている。実家にいた時も電車を3回乗り継いで往復3時間もかけて通っていた。その翌日は、二人とも疲労で寝込んでいたほどだ。

それでも通うのは、現院長のお母さまの時代から50年近く通い、絶大な信頼を寄せているからだ。両親が自分の歯で食事を楽しめるのも、S歯科医院のおかげだ。連れて行くならそこしかない。姉と二人で、往復60キロの「歯科医院ドライブ」旅プランを立てることになった。

S歯科医院に予約の電話をすると、「お母さんのためなら」と貸し切りにしてくれた。介護タクシーも予約した。食事量も減り、体力も落ち、弱ってきた母の長時間の移動はとても心配だったため、車内でできるだけ横にさせたいという希望を伝えると、リクライニング車椅子を用意してくれることになった。ストレッチャーに比べるとリクライニングの角度は限定されるが、仕方ない。

8月のある晴れた日の午後。

2時の診察予約にあわせて、老健を出発。行きは姉が付き添い、私は現地で到着を待った。

多忙な姉は到着すると同時に帰り、私が後を引き継いだ。

コンクリートのスロープに車椅子がうまく上がらず最初からつまずく。数えきれないほどに通っている歯科医院なのに、玄関の小さな段差が大きな壁になる。すぐにでも入りたかったが、中に入るまでにとても時間がかかってしまった。それでも母は、「もう一人の娘」といつも気にかけていた奥さまとの再会を喜んだ。「さっちゃんに会えるのね」と、母は予約をしたと伝えた時からずっと楽しみにしていた。

結局、歯の治療は応急処置で終わり、15分もかからなかった。ここには通えないので根本的な治療ができない。それでも今できる最大限の治療をしてもらえた。

「こんなになって……」

と久しぶりに母の口腔内を見た院長が驚いた。

処置の後、歯のクリーニングもしてもらい、母は笑顔になった。

ただ普通に見えても、母の認知症はかなり進行していて、会話の中に妄想による作話が混じりあうため、時々相手には不快な思いを与えてしまう。長い付き合いの人であれば、なおさら過去の記憶やらが入り混じって、母の思い込みも強くなってしまうようで、かなり失言があったように感じた。もしかしたら、こんな姿を見せずに別れていた方が良かったのかもしれない。来るべきではなかったのかとも考えた。

それでもさっちゃんが優しく、診察が終わった母の手を取り、待合室で母の車椅子の横に座って話をしてくれたのを見られたことは、私にとって一つの心の区切りになった気がする。

誰も口にはしなかったけれど、これが今生の別れだとわかっていた。母はもうここに来ることはないだろう。

院長先生たちに見送られて車に乗り、施設に戻った。帰りの車内で、久しぶりに会った母と沢山の話をした。これ飲んで、とポットに持参したとろみ付きの母の好きなそば茶を渡して、お茶を飲みながら一緒に歌も歌った。

「前日にコロナの検査もして陰性でしたので許してください。母も陰性でした」

そう運転手に伝えて、少し大きな声で歌った。母はすごく、すごく嬉しそうだった。

僅か1000円の歯科治療に、往復3万円以上かけての通院だったが、母にとって大切な人と動けるうちに会いに行けて、本当に、本当に良かった。

入所して2カ月。施設とのやりとりに疲弊する日々だったが、それでも今日一緒にドライブができて、一緒に歌まで歌えて、母の笑顔を見ることができた。やはりもっと会える時間を増やして、一秒でも多く笑顔になってもらえるように、できることは何でもしよう。そう思いながら家に帰った。

しかし、思っていた以上に疲れた。

もうすぐ、この墓に入ります

年末は、姉と一緒に父をお寺に連れて行った。

実家の近くに、両親が購入した生前墓がある。二人が元気だった頃は、住職に挨拶に行き、年会費を納めていた。それが年の瀬の恒例行事だったが、ここ数年は子どもたちの役目となっていた。

でも、ある時「今のうちに父の生きている姿を見せたい」と思った。

「もうすぐ、この墓に入ります」と報告するため、本人を連れて行こうよ。そう姉に提案すると「わかった。連れてきて」と言う。姉はお寺に直接行くという。

12月某日、肌寒い日だった。

父のホームからタクシーでお寺に行くと、奥から住職が出てきて、父の顔を見て、「お元気そうですね」と言った。

「奥様は？」と心配そうに尋ねられたので、こう答えた。

「寝たきりになりましたが、まだこの世界にいますよ」

優しく話しかける住職の声が、父にはおそらく半分ぐらいしか聞こえていないだろうが、ずっとにこにこしていた。

父の顔を覚えていてほしい。

父はもうすぐここの寺にまいります。この墓に入ります。

住職が父のためにお経を上げる時、この父の垂れ目の顔を思い出してください。

そう願った。

帰りの車の中で、父に3カ月ぶりに会った姉が、「こんなにボケちゃったの？」と驚いた。一緒にいるとそれが普通になっていてあまり気にならない。

こうやって、22年は終わった。

6月から父も母も新しい場所での生活が始まり、苦しいことも多かった。私も胸を痛める日々だった。正直、父はこの年を越せないと思っていた。有料老人ホームに入った時は、居室から食堂への移動も車椅子だったし、「看取り期」に入った段階で家に引き取ると施設側にも伝え、毎日の体温・体重測定やバイタルの報告をお願いしていた。

それが、意外にも頑張ってくれた。父が生きて年を越してくれた。母とともに。

23年正月。

老健は相変わらず外出も外泊も制限があったので、母は無理だったが、父だけ元旦に日帰りで実家に帰らせた。本当は泊まらせたかったが、体力面から厳しかった。父は家に帰るなり横になり、起きられなかった。父と一緒に食べようと、注文していた3段のおせち料理も結局一口も食べられず、夕方にホームに戻った。

父は来年も家に帰ってこられるだろうか。

正月を迎えられるだろうか。

母は老健でどんな思いでこの正月を迎えたのだろうか。

父をホームに送り届けた後、実家に戻り、父も母もいない実家で夫と二人正月を過ごした。

おせち料理は全然美味しくなかった。

この人、誰？

1月7日、私の誕生日に、ようやく父と母が対面できた。半年ぶりの再会だ。父がいる有料老人ホームの面会室の予約がとれたので、そこに母を連れ出したのだ。本来なら母の外出は不可だったが、父の病の悪化もあり、老健の生活相談員が特別に許可をしてくれた。

久しぶりに見た母は、以前よりもぼんやりとして、反応が鈍いように見えた。介護タクシーの中で、いつものようにタブレットで母の好きな童謡を流すと、多少は反応したが、前回ほど声が出ておらず、少し目を離すとうとうとしてしまう。

ホームに到着すると、半年前までお世話になっていた介護職員たちが笑顔で母を迎え入れてくれた。案内された面会室で待っていると、よたよたと杖をついた父が職員に連れられてエレベーターを降りてきた。

意外なほどあっさりとした対面だった。

車椅子の母の隣に父を座らせて、やらせのように手を繋いでもらったが、少し経つと母は「この人、誰？」と言う。父もぼんやりとしていて、目の前に母がいるというのに、反応が鈍い。体もだるそうだ。

とりあえずお茶を出すが、父はほとんど飲めなかった。

母は紙コップ2杯ぐらい、とろみ付きのそば茶を「あぁ美味しい」と飲んだ。

父はつないだ母の手をしきりに触り「手が冷てぇよ」と繰り返した。かなり気になったらしく、ろくに母と会話をしなかった。父はしつこく、母に向かって、「体温は、測ったのか」と聞くので、「測ったよ」と私が答える。

「わかったよじゃない、測ったのか」

「測ったよ。問題ないよ。大丈夫」

それでも、子どものように、「あぁ冷てぇ、冷てぇ」と繰り返す。

しまいには「これじゃ、死びとだよ、死びと」と騒ぐ。その横で母が、何もわからず、呆けたように座っていた。

確かに、あの日の母の手は氷のように冷たかった。

あっという間の30分の面会時間が終わり、父と母が別れる時間になった。

父はすぐに自分の居室に戻った。エレベータを降りて、居室に入ればもう父は、今の今まで母と会っていたことをするりと忘れているだろう。

母と老健に帰る前に、トイレに誘導した。

母はかろうじてトイレでの排泄ができると聞いていたので、車椅子から便座に移乗して、用を足してもらう。そこまでは私一人で難なくできたが、そこから母を支えながらズボンを腰まで上げるのができずに、途中で夫に協力を仰いだものの、二人でもうまくできなくなり、夫と二人で途方に暮れて、トイレから出て助けを求めた。

「すみません。誰か助けてもらえませんか」

しかし目が合った職員は申し訳なさそうに首を僅かに横に振った。母はもうこのホームの契約者ではないからだ。私は、泣きそうな気持ちになった。

その時、母のところまでやってきてくれたのはホーム長だった。母が「私の孫なの」と言って、私に紹介してくれた彼が助けてくれた。入居者でもない母のために力を貸してくれた。通っていた介護福祉士の専門学校で「街で困っている高齢者を見かけたら率先して助けられる、そんな介護福祉士になるように」と学んだのを思い出した。

母がここで暮らしていた4カ月間、母が「大好き」と言っていたホーム長。最後に母に優しくしてくれてありがとう。

母はもう生きているだけでいい。何もしなくていい。それだけで沢山の人の心が動いたり、影響を与えたり、助けられたりするのだから。

介護タクシーが到着し、皆にあいさつをして母とホームを後にした。

人は枯れるように死んでいく

23年の年明けぐらいから、父のケアマネさんから「うとうとしている時間が多くなりました」「水分摂取もなかなか進みません」と聞くようになった。

通院の付き添いの時ぐらいしか長く父を見ていないが、確かに大好きなカフェでコーヒーが運ばれてきても、なかなか飲み進められないし、一度に飲める量が極端に減ったと感じる。

やはり白血病の悪化なのか。ヘモグロビンの数値（男性平均は14〜18g／dl）がとうとう4g台になった。

「これでも生きていられるものなのでしょうか？　死んでしまわないのでしょうか」と、いつも父に優しく寄りそってくれる看護師に聞くと、その数値なりに体は動いてなんとか頑張れるものだという。とはいえ、いつもふらふらの父を見てはいられない。転倒のリスクはさらに高まり、見守りの必要性が増した。一時、輸血は週1ペースになった。父を見ると、息苦しそうで心配になる。しかし、認知症のせいなのか、「どこか痛む？　大丈夫？」と聞くと、平然とした顔で「痛みもないよ、ありがとう。大丈夫。ただぼーっとしてるだけ」と普通に答える。

そろそろ看取り期なのだろうかと気になり、これまでお世話になっていた介護アドバイザーに聞いてみると、飲みたくないものは飲ませないほうがいい。食べたい時に食べられるものを、飲みたい時に飲めるものを、というのが最期は良いらしい。体が拒絶しているのに「飲んで、食べて」は逆効果なのだという。

人間は、不要なものは取り入れず、必要なものだけとって生きていく。受けつけられなくなるときが枯れどきなのだろう。父はあとどれぐらい、生きられるのだろう。口を開けたまま、今にも息がとまりそうな呼吸をしながら眠っている父を見て思う。

お母さんが戻るの、ここでいいですか

2月になり、父はこれまで以上にぼんやりとするようになった。

不安感が強まるのか、夜に居室を出て、エレベーターで1階に降りたり（幸いにもケ

アマネさんが残業中で父を確保し事なきを得た）、深夜12時ごろ、食堂にいたりしたようだ。

21日、母が高熱で救急搬送された。

コロナだった。施設でコロナ陽性者が出たと聞いたのは10日以上前。母は陰性だったと聞き安心していたのだが、やはり多床室ということもあって、蔓延してしまったのだ。体温は39℃、酸素飽和度は90％、血圧は１４３／69で、搬送後は酸素を1リットル流しているようだった。

ＣＴ検査をすると肺炎を発症しており、医師によると中等症だった。

ベクルリー（抗ウィルス剤）投与で治療を試みているが、このまま重症化した場合、「この病院にはエクモがないので処置できません」と医師から言われたと、病院に急きょかけつけた姉から電話で聞いた。

「重症化したら死」の宣告を受けた姉は相当ショックだったようで、珍しく動揺していた。

私はその日は会社で打ち合わせ中だった。

母は死ぬかもしれない。自分でも驚くほど冷静にそう考えた。

これがもし自宅に一人でいる時だったら、相当動揺していたと思う。仕事があること、仲間がいることに感謝した。

その日私は偶然にも（幸いにも）、死生学の専門の小谷みどりさんと会社にいた。42歳でご主人を突然死で失ってから、「没イチの会」を立ち上げ、現在は、シニア生活文化研究所代表理事を務めている。編集部の応接ソファの隣で姉からの電話を受けて、青ざめていた私に「無事を祈ります」とそっと言ってくれた。

エレベーターで別れる時も、「考えたくないと思うけれど、念のため葬儀会社も押さえておくと良いと思います」

体験者ならではのその一言が重い。ふと昨年末に挨拶に行った住職に電話しようかと思った。母は彼のことが大好きで、すでに戒名もつけてもらっている。母が、「あの住職が現役のうちに送ってもらいたいから早く死にたい」と言っていたことを思い出した。でも電話はしなかった。住職と話をしたら、死へ一直線のような気がした。

翌日、病院から電話があった。

母が回復傾向にあるという。薬が効いているようだ。ここからが正念場。さらに祈るしかない。

その翌日、今度は老健から電話があった。いつもの生活相談員がこう聞いてくる。

「お母さんが戻るの、ここでいいですか」

どういうことかと聞くと、

「お母さんを大事になさっているから、ここで預かって大丈夫かなと思って」

コロナで入院しても10日ほどすれば退院となる。

そうなった時に老健で良いのか、という意思確認の電話だった。

組織の特性上、老健は入居者をすぐに病院には連れて行かない。

もしご家族が医療的処置を望むのであれば、このままお母さんを療養型病院に入れる方が良いのでは、ということだった。提携している療養型病院があるので、退院後はそこに入るのはどうかという提案だった。

また、今後コロナの感染者が出ても、国の方針で、すぐに病院に運ばずに施設の中でゾーン分けするなどして対応するために、やはり施設内での感染拡大が避けられず、職員も感染していくという状況を理解してほしい、とのことだった。

老健に戻ってもまたコロナになるかもしれないし、具合が悪くなっても補水程度しかできない。病院では栄養点滴もできるので、よく考えてほしい。

こういうふうに言われて、今後の母に老健での暮らしが合っているのか、考える必要があると、いまさらながら感じた。

老健は入居者の医療費を原則負担することになっている。たとえば、病院やクリニックの診察でかかるいわゆる「他科受診」による医療費も、入居している老健側が負担する。それを知らずにこれまで母が体調悪化のたびに大きな病院に診てもらいたい、すぐに病院に連れて行ってほしいと施設に主張してきた。

施設にとっても、今後医療依存度が高くなりそうな母を受け入れたくないはずだ。

自分なりに老健の仕組みはわかっていたつもりだった。薬代は施設の持ち出しになるので、父のように持病がある高齢者は、基本的に老健では受け入れてもらえないというのは知っていたが理解が浅かった。外部の病院で診察を受けても、老健側に請求が行くのだ。

生活相談員はこう続けた。

「提携先の病院は、食支援の取り組みが東京都内の病院の中でも高く評価されていることでも有名です。そこにしばらく滞在して、その後またうち（この老健）に戻る人もいる。検討してみてはどうですか」

とりあえず、考えさせてくださいと私は答えた。

今は、母が死ぬか生きるかの瀬戸際にいる。先のことを具体的に考える余裕がなかった。父のことも心配で、母の入院中も父の様子を見にホームへ行き、通院の付き添いも続けた。

父はだいぶ衰弱している。握力も落ち、差し入れたコーヒーの紙コップすら摑めずに全部こぼした。この頃から輸血中に便漏れをすることが増えた。

トイレで介助している時も、手際よくパッド交換をしないと、倒れてしまいそうになる。父は母と同じく、ギリギリのところで生きているようだった。

父には母の入院のことはしばらくの間隠すことにした。

それにしても、父も母もどうして同じ時期にいつも示し合わせたように弱くなっていくのだろう。

入院5日目、看護師から治療状況の連絡があった。ベクルリー点滴は終わるが、炎症反応は横ばいで、酸素飽和度は95%。血圧が高いため、硝酸イソソルビドテープを貼っているという。酸素は引き続き1リットル入れている。痰が時々出て、息苦しさで辛い様子。しかし意識はあり、「ここはどこですか」と聞いてきたという。

「おしゃべりがお好きな方なんですね。ユーモアたっぷりで、楽しく会話をしています」との言葉を聞いて、「母は生きていくんだ。生きていけるんだ」と少し安心した。母らしさが戻ってきているのだ。しかしまだ気は抜けない。

その3日後、主治医から電話があった。

体温は37・1℃。炎症反応の値はかなり下がったものの、まだ酸素は入れていると言った。血圧は164／76。その翌々日、医師に呼ばれて姉と病院に行くと、改めて説明があった。

「肺に水がたまっているので、まだ入院治療が必要です」

窓口を変えてほしい

3月6日。入院して2週間が経った。母はコロナ病棟から一般病棟へ移動となった。病院からの指示で、管轄の保健所にコロナ病棟から出たことを電話連絡した。入院費の支払いも今日から発生する。ちなみにこの時点で、母はゼリーを食べていた。

7日、父が38℃の発熱。ホーム側は「コロナではないと思う」と言うが、父に電話をすると声かれと咳がひどい。

9日、心配なので訪問医に直接電話をして、父のコロナ検査をしてもらう。結果は陰性だった。

10日、2年間通った、介護福祉士専門学校の卒業式。卒業できたことも、出席できたことも奇跡だった。しかし、卒業証書を見せたい両親は、そばにいない。

11日、微熱が続き、いまだに居室隔離中の父から電話があった。

「お前は具合でも悪かったんじゃないか。心配で電話したんだ。大丈夫か。大丈夫なら良かった、良かったよ。健康に気をつけてな。頑張れよ」

12日、母の看護師から電話。尿も便も出ているが、飲み込む力が弱いらしい。会話はあり。聞き取りづらいものの一生懸命話そうとしているとのこと。今後の治療については、医師から近々連絡が入ることになった。

13日、再び母の看護師と電話。改めてこれまでの状態を聞く。

2月末ぐらいまでは何とか粥が食べられていたが、3月4日から食べられない日があり、今は末梢血管からの点滴を継続しているという。体温は36・7℃。血圧は167／79。酸素飽和度は97％。

この日は父のホームに差し入れに行ったついでに、ここ数日の体調不良に関する施設側の対応に関して、玄関でケアマネさんに説明を求めた。返ってきたのは「上のものに確認する」だった。

その後すぐに、施設から姉にクレームが行ったようだ。

姉によると、施設の人が私のことをわがままだと言っているという。どうやら姉とのやりとりを希望しているようだ。確かに、私の物言いが悪かったと思うが、それに関わっていない姉を経由してこういう話が来るとなんとも悲しい気になる。しかし、契約書類上では姉が保証人だ。

この日を境に私が保証人となり、すべての連絡が私に届くことになった。実質姉が完全ノータッチになって後味は悪いが、仕方ない。

それにしても、この世で一番父と母を思っているのは間違いなく私なのに、どうしてこんなに苦しい事ばかり続くのだろう。

この日の私の日記。

「もう私みたいな人、この世にいなければいいのに」

読み返すと、あの時のやるせなさが思い起こされて胸が苦しくなる。介護はいろんな感情を連れてくる。

施設側とのやりとりは本当に気を遣う。大手であればあるほど、ブロックが強硬で崩せない印象だ。私はただ、本音で話したいだけなのに。

14日、母の担当医から電話があった。嚥下内視鏡検査の結果、口からの食事摂取はリスクが高いと判断したとのことだった。しかも老健からの「診療情報提供書」によると、搬送前に施設にいた頃から、食事がとりにくくなっていると言う。それに加えてコロナ感染は応えたようだ。

今後のことをどうするか、と聞かれたが頭がまったく働かず。翌々日に病院に行くことにした。

それにしても、1月の段階では持参したお茶を父の分まで飲み、むせ込みもなかった。僅か2カ月でそんなになるものなのだろうか。

冷静になってようやく今自分は、実の母親の延命の判断を迫られているのだと気づいて、怖くなってしまった。

みんなを守ってね

15日、父の携帯に電話をするが、なかなか繋がらない。夕方5時半、もうすぐ夕食の迎えがくるという時間帯にようやく繋がった。父の反応はいつもぼんやりだ。少し前までマッサージを受けていたせいかもしれないが。

父に母の状況を簡単に説明した。

これまで一切話していなかったが、今こそ父の助言が欲しかった。父には難しい話だったかもしれない。しかし父は、理解した。私の話を最後まできちんと聞いた上で、

「助かる方法があるなら、それを選んでほしい」

と驚くほどしっかりした口調で返してきた。

「だって、そうすれば助かるんだろ。そうしてくれよ」

とまではっきりと言う。

父が父らしくて、その存在が頼もしかった。

認知症が進んでからの父との会話は、いつもその瞬間耳にする言葉に引きずられるように頭が混乱してしまい、入った言葉が残り支離滅裂なセリフを発したり、こちらの話が伝わらなかったりするのに、今日の会話のキレは何と素晴らしいのだろう。

今回は「ママ」「命」「危険」のフレーズが響いたのか、反応の速さは、いつもの5倍いや、50倍ぐらいだった。

父のためにも、母の命を守らなければ。

16日、病院で担当医と看護師に会って話を聞く。

胸水もほとんどなくなり、レントゲンによると肺に影こそあるものの、退院可能な状

態だという。酸素飽和度は96％。嚥下内視鏡検査の結果だと、ゼリーやとろみをつけたお茶でも、喉の中に溜まってしまう様子が見られるという。「病院としては、今後の経口摂取は困難との判断である」を繰り返す。

それでも試してほしいと、ダメ元で母の好きなプリンを預けた。

帰る前に、案内された家族相談室で、渡されたタブレット越しに母と面会をした。タイミングが悪かったのか、かなり眠たそうで反応は悪く、会話はあまりできなかった。ただ動く母の姿を見られた。母が生きていることを確認できた。

私の誕生日に父と3人で会えた日以来だ。

2月21日に救急搬送されてもうすぐ1カ月。

これから母はどうなるのか。

17日、父の輸血。微熱も下がったため、輸血の通院を再開した。医師にここ数日の発熱の話をすると、「念のために」とレントゲンを撮ってくれた。なかなか病院に行けないので、有難かった。

今日は父方の祖母の命日。

輸血も終わり、施設に戻るタクシーの中で、父と祖母の話をした。

「パパもあちらの世界に行ったら私たちを守ってね、とおばあちゃんに伝えてね」

こう言うと父は「伝えておくよ」と応えてくれた。

「みんなを守ってね、そう伝えるよ」

父はこういう話題になるとしっかりする。

今考えると、父もあちらの世界に近々行くわけだから、父に「守ってね」と頼んでも良かった。でも父は言わなくても、守ってくれるだろう。

夕方、父の訪問医と電話。父の薬はもう飲みきりで終了とのこと。「落ち着いてよかったですね」の言葉が嬉しい。

18日、リハビリで有名な都内の病院に、入院の問い合わせをした。

母がミキサー食になって落ち込んでいた時、友人が教えてくれた病院だ。嚥下の機能回復に積極的で、いつか機会があればお世話になりたいと思っていたところだ。

今こそ、と思い電話をして転院が可能か聞いてみると、救急搬送された病院（急性期病院）に入院した日から1カ月以内に申し込みがなければ受け入れない決まりだという。

その時点で、母が搬送されてから、あと2日で1カ月だ。

慌てて病院に電話をして、医療連携室のMSWに、担当医からの診療情報提供書をファックスしてほしいと依頼した。しかし、「時間がなさすぎて、医師に診療情報提供書を書く余裕がない」という。「そこをなんとか」と少し粘ったが、ダメだった。

今でも少しだけ思う。あの時、あちらにすぐに転院していたら、今ごろは食べられるようになっていたのかもしれないと。

22日、母は禁食となった。

母の延命の決断のタイマーは動き出した。

このまま何もしなければ、母は確実に死ぬ。

そう遠くない将来やってくる死を穏やかに待つか。それとも人工栄養をして延命するか。その前にもう一度嚥下訓練に挑戦するか。

ほっときゃいいのよ

母が救急搬送された病院は急性期病院のため、在院日数が3カ月と決まっている。肺炎も落ち着き、施す治療がなくなった今は退院しなければならない。

ここから院内の医療MSWとの調整が始まった。

24日、MSWとの電話で「療養型病院」への転院を勧められた。近くに、嚥下に特化したリハビリが有名な療養型病院があり、回復期リハビリ病棟に入れば、嚥下訓練が受けられるので、そこはどうか、と勧められた。

いまだ「食べる力」を引き出す食支援の取り組みを諦めていなかったので、ここで食べられるようになったら理想的だ。とりあえず先方の担当者と会うことになり、５日後に面談のアポを入れた。その同日には、母の今の状態と、延命治療の方法と危険性などについて医師から説明を受けることになった。

27日、また母の看護師と電話。何度も連絡をして申し訳ないと思ったが、気になって仕方がなかった。本当に食べられないのだろうか。

「これまでずっと伝えていますように、やはり食事をとるのは厳しい。誤嚥を繰り返すと命取りになるので食事はやめています。コロナになってから嚥下力が落ちて、それが回復していません」

と説明してくれた。ただ、食べられないままここにいるよりは、療養型病院で何らかのリハビリに期待するのも良いのではないか。療養型病院は、入るのも難しいから良いチャンスと受け止めてみてはどうかと言ってくれた。親身になって話してくれる看護師の言葉が温かかった。

29日、母の病院に行った。

11時からの面談で医師から聞いたのは、延命の手段の一つ「中心静脈栄養（ＩＶＨ）」についてだった。私は人工栄養の中でも「中心静脈栄養」を希望し、事前にその旨を伝

人工栄養の種類と方法

人工栄養には、大きく分けて「経管栄養法(経腸栄養法)」と「経静脈栄養法」の二種類がある。

経管栄養法には「経鼻経管栄養法」と「胃ろう(腸ろう)栄養法」があり、経静脈栄養法には「末梢静脈栄養法」と「中心静脈栄養法」がある。

経管栄養法は体外から胃や腸などの消化管内に通したチューブ(管)を用いて栄養を補給。鼻から入れるものを「経鼻経管栄養法」といい、腹部の皮膚表面と胃を繋ぐ1つの穴を作り、胃から入れるものを「胃ろう」、小腸から入れるものを「腸ろう」という。

いずれも消化管が機能していて、消化吸収が可能であることが条件となる。

経静脈栄養法は、腕などの末梢の静脈から入れる「末梢静脈栄養法」と、心臓に近い太い静脈(中心静脈)から入れる「中心静脈栄養法」があるが、末梢静脈栄養法は食事ができない期間が短期である人に行われるもの。中心静脈栄養法は、それに比べて高カロリーのものを入れることができ、長期的な栄養補給に望ましいとされている。

※「介護福祉士養成課程・介護職等のための医療的ケア」(建帛社)をもとに作成

えていた。人工栄養は他にも胃ろうや腸ろうもあるが、母が以前に「胃ろうはやらないでね」と話していたのを覚えていたので検討もしなかった。

中心静脈栄養とは、経口摂取が困難な人に高カロリー輸液を心臓近くの大きな血管に入れたカテーテルから、人工的に栄養を与えるものだ。感染症や心不全などのリスクがある一方で、比較的簡易で、もしも経口摂取が可能になったらやめられると聞き、魅力的に思えた。「今日にでもできます」と医師は言った。母のいる病院での方法は、首でも脚でもなく腕の静脈からカテーテルを入れるピックというものになるそうだ。

人工栄養を始めるにあたっては、倫理的な問題もあるので慎重に考えるべきだという言葉も看護師から添えられた。

「わからないかもしれないけれど、母に会って意思の確認をさせてもらえないでしょうか」

コロナ禍で患者との面会が禁止されているが、人生の一大決心だからか、あっけなく医師から許可が下りた。

母が寝ているベッドまで駆け寄る。がい骨がベッドに横たわっているようで一瞬怖くなってしまったが、話しかけるといつもの母だった。

「元気にしてた？」

「死んでた」

母のベッドは、窓際の日差しがさんさんと入る最高の場所。

5階から見下ろす公園の桜並木が見たこともないくらい美しい。

「良いお部屋でよかったね。今ね、桜が咲いているよ。花びら拾ってきた」

母の手のひらに花びらを置いたが、母はぼんやりとしていて反応がない。

「いま辛い？」と聞くと「元気だよ」と答える。

認知症がだいぶ進んだ。

たぶん私の質問内容はわかっていない。それでも、反応をする。

話す中身ではなく話し方に反応しているようだった。

こんな状態で本人に延命判断を聞くのもいかがなものか、と思ったが聞いてみた。

「血管から管を入れて、栄養を入れてもいい？」

意外にも母はこう返してきた。

「パパに聞いて」

私はすかさず、

「パパはしてほしいって言ってる。生きていてほしいから」

すると母はこう言った。

「いいわよ、したいなら」

心の中でガッツポーズをした。

「そうしないと死んじゃうの。そんなのいやだもん」

気が緩んだのか、ふと話してしまった。

思わず感情的になってしまった。

「いいのよ、死んでも。ほっときゃいいのよ。あなたはいつもそうなんだから」

母は、いきなりいつもの口ぶりになった。

ちょっと投げやりで、ちょっとのことでは動じない、「どうでもいい」が口癖だった母。そんな母が歩けなくなり、寝たきりになり、そして食べられなくなり、「ほっときゃいいのよ」と私に言っている。でも延命を「いいわよ」とも言った。この母との会話で、自分自身を納得させた。やってもいいんだ。

その2時間後、紹介された療養型病院までタクシーで移動。ソーシャルワーカーと看護師との面談があった。

これが最後の砦になるのかもしれない。私は母の今の状態から、これまでの生活歴と性格、私との介護の確執などすべてを隠さず打ち明けた。母が何より家で父と過ごしたいと望み続けてきたことも話した。

偶然にも、面談にいた看護師が、在宅介護時代に母がお世話になっていたかかりつけ訪問医のことをよく知っていて、久しぶりに言葉が通じる人と出会った気がした。彼女は自らの立場をおいて、

「あなたはご自宅でお母さんを看られた方がいい。その方が後悔しない」

と私にとっての最善を提案してくれた。

結局、母がここの療養型病棟に入ったとしても「リハビリができる期間が限られているし、診療情報提供書を見る限り、嚥下リハビリはそう期待できないと思う」と言う。

しかも療養型病院の看護は手薄いうえに、施設のようにOT（作業療法士）がいるわけでもない。急変しても急性期病院に搬送をしない。もしも本人が「家に帰りたい」という思いがあるのであれば、最後ぐらいは在宅介護を勧めたい、とまで言う。

1時間以上話した結果、私はここに母を入れるのをやめようと決心した。死ぬのを待つだけのような場所に入れても、私はまた後悔するだろう。まだ、ここに入れるべき段階ではない。そんな気がした。

病院からの帰り道、足取りが少し軽くなった。朝から何も口にしていないと気づき、駅に隣接したビルの中のカフェに入りコーヒーを注文すると、母のいる病院から電話が入った。中心静脈を行う専門の人だった。中心静脈カテーテル設置手術を行うにあたり、退院後の選択（在宅か、病院か）によって、カテーテルの種類も異なるという。縫い付けるか、テープにするかの二つの方法があり、転院の場合は、縫い付けでないとダメらしい。しかし縫合だと感染リスクも上がる。

「療養型病院ということでいいですよね？」

まさに……というタイミングだったが、今の気持ちを、すぐに言葉にできなかった。

「すみません。実は在宅に変更しようかとも思って再検討しているんです。少し時間をください」

療養型病院に面談に行き、そこに向けて話を進めているると聞いていたのにと、先方はさぞ驚いただろう。

それにしても、知らないことが多すぎてついていけない。カテーテルの種類の話など、先日の医師からの説明では出てこなかったので、まったく知らなかった。選択の嵐に戸惑う。これが介護なのだ。

31日、改めて在宅訪問医に電話をして、これからのことを相談した。

この時点で、在宅介護と看護を進めていくために必要なマンパワーは、在宅訪問医のこの先生しか決まっていなかった。月2回の訪問医だけでなく、その指示をもとに動く看護師が所属する訪問看護事業所、身体介護など介護職がいる訪問介護事業所の両方を見つけて契約しなければ、介護も看護サービスも受けられない。1年前の時のように看多機と契約できればよかったのだが、今は定員がいっぱいで受け入れられないという。

先生は、私一人で在宅介護をする負担の大きさを考えて、

「医療依存度が高くても入れる有料老人ホームというのも一つの手です」

とも言った。意外だったが、今振り返ると先生はいつも正しいことしか話していないと思う。ただその時の私はどうしても「またホームに入れる」ということに対しての罪悪感が拭いきれず、先生のその助言には前向きになれなかった。

何が何でも、在宅介護を実現させたかった。

母が入院して40日。本格的に「在宅介護実現のためのチーム作り」が始まった。私はこの日から手当たり次第、地域の看多機、介護事業所、看護事業所、有償家政婦や、派遣看護師などを調べて問い合わせを始めた。

ご苦労さま

4月。私は明けても暮れても父と母のことを考え、日中は医療職や介護職との交渉や連絡に追われ、父のホームに通いながら頻繁に母の病院に行き、その合間に包括や訪問看護事業所に行ったりした。

この頃から母の夢ばかり見るようになった。ある時は、太っていた時の姿で現れて、「せっかくの命、最後まで生きるね」と言い、最後には「経口摂取、明日から頑張ろうね」と言う。過去と現実がごちゃごちゃの夢だったが、確かだったのは私も母も頑張ろうとしていることだ。

4月の上旬というのに、もう桜が散り始めていた。

3日、母の病棟で看護師とMSWと今後のことを話し合った。

病院側としては早く退院してほしいが、生活面の安全が確保されなければ、退院へのステップに進めないという。在宅介護にするにせよ、転院にせよ、まずは今の母の状態の把握が必要だ。看護師が、母の日々の生活の様子を説明してくれる。

床上生活で、日常生活すべてに介助が必要。筋緊張もあり、体位変換にも介助が必要。痰の量が増えており、唾液でもむせ込む状態なので、日にもよるが1日3〜5回の定期的な吸引が必要となる。在宅生活には、エアマットのレンタルがあった方がいいとのこと。かなり重い介護生活だ。現在の体重は38・8キログラム。

私は1日でも早く人工栄養を始めてほしい。まずは経鼻経管栄養を試し、それがダメなら中心静脈をお願いしたいと伝えた。

この日、病院へ向かう途中、最寄り駅前のスーパーで母の好物、焼き芋を買った。食べられなくてもせめて匂いだけ嗅がせてほしいと看護師に言づけた。買っても食べてもらえないというのはこんなにも辛いのか。いつか仏壇に置く時がきたら……と想像するだけで胸が締め付けられた。

帰り道。自宅の近くの桜並木を自転車で走り、信号待ちでぼんやりしていたら、桜の花びらが目の前で一斉に散った。張り詰めた緊張がなぜか一気に解れて、柔らかい気持ちになった。ほんの一瞬の出来事だった。私が今やっていることが良いか悪いかは誰にもわからない。でも「ご苦労さま」と亡くなった祖父母にエールを送ってもらっている気がした。

母も近々あちらの世界に行く。桜の季節がくれば、きっと母を思い出すだろう。

帰宅後、包括の担当者と在宅訪問医に電話する。まだケアマネさんも訪問介護事業所も決まらない。ただ、在宅訪問医の先生が、新たに訪問看護事業所を立ち上げるとのことなので、そこにお願いすることにして、近々相談に行くことになった。まずは看護の事業所が決まった。さて次だ。ひとつ、ひとつこなしていかなければ。

4日、30分ほど父のホームへ。今月から始める訪問マッサージの担当者への挨拶のためだ。それから、包括に行き相談。その後、母の病院へ行き、昨日会えなかった担当医と話す。母の病室にはひまわりの花を差し入れた。

自宅から母のいる病院までは電車とバスで1時間強。今日は朝9時に家を出て、戻ったのは19時過ぎ。日が長く、まだ桜が咲いていることが嬉しい。春の日差しは暖かく、看護師もソーシャルワーカーも、関わる人達がみな優しいことが、有難かった。私には、できないことや不安なこと、不明なことをためらわずに聞ける勇気があったし、「助けてほしい」と言える図々しさまであった。これがないと、介護は絶対に一人ではできない。辛くて苦しくて、体も心も壊してしまう。

国は可能な限り住み慣れた地域で、自分らしい暮らしを人生の最期まで続けることができるよう、地域の包括的な支援やサービス提供体制（地域包括ケアシステム）の構築を推進している。最期は家で過ごしたいとの願いを叶えられる体制が母の暮らす地域にあることを祈り、その資源を徹底的に活用すべく、探し求めた。これが「願いを叶える介護」へのベストな形だと思っているからだ。

父親として見てくれてありがとう

5日、母の経鼻経管栄養を試した。しかし、すぐに病院から「鼻にチューブが入るのを本人が嫌がるので断念しました」との連絡が入る。

これで母の人工栄養の選択肢は、中心静脈栄養だけになった。

6日、改めて病院に電話をして「早く中心静脈栄養を始めてほしい」と依頼した。電話に出たF看護師が、

「お母さんが『あなた元気？』と私のことも気遣って声かけてくれているんですよ」と母の様子を伝えてくれた。母がそれほど衰弱していないようで安心する。

7日、中心静脈栄養を開始。

12日、包括の相談員に、再度、ショートステイ先の確保の催促をする。在宅介護を実現するには、包括の担当者からの情報提供が鍵だ。

13日、病院で「退院カンファレンス」が行われた。退院後の在宅介護をスムースにするために、病院側が開催するものだ。退院後の母の在宅生活を支えるサービス事業者らが集められ、母の医療情報から生活する上で必要な支援などが説明され、情報共有する。

当日集められたのは12人。在宅クリニックの医師、訪問看護ステーションの看護師、福祉用具専門相談員、そして包括の相談員がようやく見つけてくれたケアマネジャーの4人と、包括の相談員が一人。

看護師から母の最新の生活の様子と、今後必要と思われる医療と介護内容の説明がある。

母の様子はこうだ。

体位変換は2時間に1回。

エアマットを使用。

痰の吸引は2～3時間に1回。

痰が多くて「唾液でうがいをしているような状態」。

2日に1回、酸素を1リットル入れている。

便は3日に1回、少量~中等量。
血圧が高めで降圧剤を飲んでいる。

母のこれからの在宅生活の支援のために、共有すべき情報が同時に関係者全員に伝わり、在宅介護プランが固まっていく。

しかし、会議の途中で包括の担当者が、「実は、事業者が見つからないので、ショートステイは不可能です」と発言して驚く。常々、「ショートステイ先が見つからなければ在宅介護はできないので探してほしい」と伝えてあり、それだけを包括に依頼していた。まさかそれを退院カンファレンスの場で発言するとは思わなかった。これでは振り出しに戻ってしまう。隣に座る彼女の顔を途中から見られなくなった。事前に伝えてくれれば、退院カンファレンスの日程を変更するなり、キャンセルするなり、心の準備ができたのに。

会議も終盤に入り、おおかた確認作業も終わり、「それでは在宅介護に向けて」とMSWが締めに入るところで私は正直に「残念ですが、これでは前に進められません」と言った。大勢の関係者を集めた会議、すべての参加者に申し訳ない気持ちでいっぱいになる。

会議終了後、遠くまで時間を割いてこの場に来てくれた福祉用具担当者ら全員に頭を下げた。

会議室の片隅で見送りながら途方に暮れる私に、F看護師が近づいてきて母のことを話してくれた。私は今認知症について深く勉強しています。お母さんの認知症の対応の力になれたら、というようなことを言ってくれたと思う。私は今、崖に落ちたばかりなのに、もう手を差し伸べてくれる人がいると感じた。いつもは電話で話すことの多いF看護師だけど、向き合って話すと優しさが温度になって伝わってくる。

この日以来、包括の担当者とは一切話をしなくなった。代わりにその会議の場で連絡先を初めて交換したケアマネさんと連絡をとることになり、ケアプランの依頼をした。かなり年配のケアマネさん。注文の多い私に嫌な顔一つせず、「頑張ります」と言ってくれた。

14日、父の輸血。数値は決してよくはならず低空飛行のままだ。

姉が「二人が手を取り合って一緒に逝きましょうと合わせているみたい」と言った。本当にその通りだ。母の頑張りと、父のふんばりが重なる。

今、二人は必死にそれぞれの場で生きている。

この日、私が実家で使用する折りたたみ式のベッドを注文した。

16日、実家にベッドが届いた。実家用にＷｉ－Ｆｉも契約した。スーツケースに入れた自分の荷物もタクシーで運んだ。

ここに母の介護ベッドが搬入されれば、いよいよだ。

ベッドは、退院日が決まったら搬入予定だ。退院日が固まり次第、福祉用具専門員に連絡することになった。

実家の掃除の合間に、ホームにいる父に会いに行く。

居室で一緒にお茶を飲んでいると突然、

「ごめんね、こんなおやじで。なんか面倒見れずに、逆に世話になって。ボケじじいが生きてて、ごめんな」

と言い出した。

「そんなことないよ、もうちょっと頑張って」

「迷惑ばっかりかけるしな……。何にも役に立たなかった、ごめんな。いい加減なおやじでごめんな。それでも父親として見てくれてありがとう」

父が元気でいてくれて嬉しいが、時折こういう言葉をかけられると、切ない。

日々いろんなものを忘れ、家族とも離れ、暮らしている生活の中で父は何を思い、何を忘れずにいるのだろう。

より良き死を迎えるための在宅介護

18日、父に会いに行った後、これからお世話になる予定の訪問看護ステーションに相談に行った。ケアマネさんが急ぎの用事が入ったとのことで、退院カンファレンスに同席してくれた所長と二人だった。

所長は私にこう言った。

「中心静脈カテーテルのルート交換を週に1度訪問看護師が行うが、日々の点滴袋の交換は設定した時間帯に家族（私）で行ってほしい、うちのステーションからの訪問は週に3回が限度」。

2時間に1回の吸引が必要な母が安全に家で生きていくために、週に3回の訪問看護だけでは頼りなさすぎる。これまでは病院で毎日看護師が様子を見ていたというのに、在宅になり週に3回の訪問だけで身体の安全確保ができるのか、急変時はどうなるのか。不安は尽きなかった。

訪問看護ステーションや訪問医は「基本24時間対応」とうたっているが、それは何かあった時のことで、そう期待はできなそうだ。改めて、以前お世話になっていた看多機の看護師の小回りの良さに感謝した。少しでも私が不安そうにしていると、彼らはすぐにやってきた。代表の看護師は空いた時間に「大丈夫?」とノーアポで来てくれた。あの事業所がすごすぎたのだ。

なかなか妥協点が見つからず、あっという間に1時間が経ち、次のアポがあるので病院を出なければならない時間になった。帰り際、「うち(訪問看護ステーション)だけでなく、ナースバンクに登録している人に依頼するのも手ですよ」と提案を受けた。のちに調べたら時給3000円ほどで依頼できる派遣看護師も存在するようだ。それに加え、家政婦協会に依頼して家政婦に来てもらえば手厚い介護看護プランができる。「死なせないためのケアプラン」になるだろう。

しかし本来、死なせないための在宅介護ではなく、「より良き死を迎えるための在宅介護」を目指して私は動き出した。

1日でも長く生かすことが目的なのではなく、今日という一日を豊かに過ごし、母が穏やかに逝けるように。やり直しがきかない「死」を本人も家族も悔いのないものとするために、母が「家に帰りたい」と言っていたので家に戻したい。これを忘れたくないと思った。

「言葉が乱暴かもしれませんが、私は母がいつ死んでもいいと思っています。在宅で見送れたらそれだけで十分だと思っています」

すると所長は驚いたように「その気持ちを退院カンファレンスの場で伝えるべきでしたね」と言った。あの場にいた人たちは、私の話を聞いて「死なせるわけにはいかない」と、大きな負担を抱えていたようなのだ。だからいろんなものが停滞していたようにも、今は思う。

19日、包括から電話があった。これからは別の担当者になるので、次の退院カンファレンスも同席するという主旨の話だったが、「ただ状況の把握だけであれば同席してもらわなくてもいいです」と応えた。

地域包括支援センターは、自治体から受託した一般の企業などが地域住民のお悩み相談所として、社会福祉士や保健師、ケアマネジャーの資格を持った相談員で対応している。地域の資源の紹介や病院との連携など、その業務内容は多岐にわたり、ネットワークをフルに活用して、丁寧に誠実に対応してもらえるので、その役割は非常に大きい。

一方で、利用していてもどかしさを感じる時もあった。資源も地域格差があるし限りもある。できることとできないことがある。状況の把握には必死だったのに「じゃあ、どうしたらいいのか」までの提案には至らないと感じたことも少なからずあった。「安全に暮らすために事態の把握や、介護や医療情報を共有したい」というだけでは、表面的過ぎて物足りなく感じた。立場上、仕方ないのかもしれないが。

22日、実家に荷物が続々と届いた。

2階の私の部屋にはエアコンをつけたし、2階のトイレも直った。私の家で使っていたペットカメラも持ち込んで設置した。アレクサも持ってきた。我が家の荷物が少しずつ実家に移ってきて、空き家だったこの実家に血が通ってきた。

雨戸を開けるたびに近所の人が差し入れをもってきてくれる。あとは母が帰ってくるのを待つだけだ。

介護はしないけど、会いたい

25日、医師に呼ばれて姉と一緒に病院に話を聞きに行く。

母は高熱が出て、今は体温が37℃まで下がったが、痰の量が多く、1時間に1回の吸引が必要になっていると言われた。

「1時間に1回ですか！」

思わず声が大きくなってしまった。

医師によると、痰が多すぎるので、中心静脈栄養の点滴量を減らしているという。それにより摂取カロリーがこれまでの１０００キロカロリーから８２０キロカロリーに減るという。

その後のプランを確定しなければ退院日も決められない。そろそろ在院日数のデッドラインも迫っている。早く在宅介護の準備を整えて退院しなければ。

その後もう一度、ＭＳＷと看護師、ケアマネさんを交えて退院に向けての話し合いとなった。前回の退院カンファレンスに姉は同席しなかったので、姉の発言に周囲が注目するのがわかった。

姉は終始、「私は在宅介護は無理だと思っている」と主張した。

自分にも家庭があり忙しくて大変で、実家に帰っての在宅介護はできない。だけど、施設でこのまま母と会えずに別れるのは嫌だという。結局姉は、自分は介護したくないが、実家で母には会いたいのだ。

私が介護疲れで倒れるのも心配だと言う。もう少し在宅介護のサービスが充実し、家族の負担が少なくなればと考えているが、今のままでは厳しいのでなんとかならないか、ということだった。

姉が言っていることは当然のことで、私もそれを願っていた。ただやはり訪問介護にも限界があると、同席したケアマネさんが繰り返した。彼女なりに色々考えて介護保険の枠を最大限に使ったプランを作ってくれたが、足りない部分は自費で介護職を雇って補うしかなかった。

現実的な問題として、自分で看護師と介護福祉士を探さなければならず、姉にも最低限の介護をお願いする必要が出てきた。家族なのだから、母に会いに来て何もしないというのはおかしな話だ。

ただ姉は「血が苦手」「便も苦手」「臭いのはどうしてもダメ」「排泄介助はどうしてもできない」と言う。ではせめて、痰の吸引だけをということで、会議の後に別室に移動して、痰の吸引の方法を看護師から学ぶことになった。それができるようになれば、姉がいる間の1時間を利用して、私は自分の用事をこなせる。本音をいえば、半日から1日はいてほしかったが、それは厳しそうだった。

この日、吸引の練習を終えた姉が母と面会し、甘えた声で母に話しかけて、母がご機嫌になった。その横で、時間になったので私が「もう帰るよ」と声をかけると、母は突如不機嫌になった。そして私には、姉に向けていた甘い声とは全く違う、低くきつめの口調で、「今言ったの誰？　ゆき？　ゆきって誰？」と言った。

この瞬間、私は何のために介護をするのだろうと思った。「母に会いたいけれど基本、介護はしない」という姉。

私だけ仕事も私生活も犠牲になる。「犠牲」という表現を使いたくなかったが、現実的にそうだ。この数年、仕事の受注を減らして介護に集中していた。ホームからの連絡が絶えないので、海外旅行はできない。

姉は常々、私に子どもがいないから親に執着すると指摘しては、「好きだからやっているんでしょ、自己満足でしょ」と言ってきた。そう言われるたびに悲しい気持ちになった。自己満足でもあるが、子どもがいてもいなくても親を大切に思う気持ちに変わりはない。姉がそういう発想をするのがいつも残念だったし、わかりあえないきょうだいというのもあるんだな、と悲しく感じた。

この日、病院からの帰り道、思い切って姉に聞いてみた。

「もし逆の立場だったら、お姉ちゃんはママを家で介護したと思う?」

すると姉は意外にも「したかもね」と応えたので、私は間髪入れずにこう聞いた。

「その時に、もしきょうだいから『好きだからやっているんでしょ、自己満足でしょ』って言われたらどう思う?」

すると、姉は黙ってしまった。

自ら「親の介護はできない」と正直に言うのは潔いと思う。ただ「介護はしないけど、会いたい」という希望を聞いて、別の看護師がある時、呆れて「それは次女さんの負担になるだけです。わがままますぎませんか」と言った。せめて実家にいるときは介護を手伝うべきではないか、と言ったのだ。

これまで私は、姉の立場や意見を尊重し、姉に相談することはあっても、介護を押しつけることは一切しなかった。「私がやりたくてやっている」というのは事実だったし、私は高齢者も介護も、そして父も母も好きだった。だからそれほど負担に感じなかったし、むしろ父と母と一緒に過ごせる時間が多くもらえて有難い、と思っていたほどだ。だから介護をするのが私一人で私だけに負担がかかってもいい。母のためだし、とずっと思ってきた。

しかし、この日、母に甘える姉の姿と、母が姉にだけ見せるよそ向きともいえる上品な優しさを後ろで見ながら、ぽつんと自分だけが少し違う世界に入った気分になった。

在宅介護時代、母はたまにくる看護師や来客には、今日の姉に対するそれと同じように、とても優しく接していた。一方、一番近くにいる介護者である私にはいつも厳しかった。優しい時もあったが、いろんなことを主張して、怒ったり、怒鳴ったり、悲しんだり、愚痴ったりした。その都度やるせない気持ちになった。

また在宅介護を始めて、母の私への介護拒否や乱暴な発言が復活した時に、私の精神状態はどうなるのだろうか。同じことがまた始まるのだろうか。その時に「もうだめ、私介護やめる」となってしまったら、きっと「ほらみたことか」と言われるのだろう。

1時間に1回に増えた吸引のことも大きかった。私は1時間に1回、夜間は一人でできるのだろうか。54歳の私に相当な負担になるのではないだろうか。

この日を境に私は「やはり在宅介護は無理なのではないか」と思うようになった。

姉や母を嫌いになりたくなかった。

このままでいれば誰も傷つかずに済む。

介護を始めると、失うものが多すぎるとも感じ始めた。

これまではそういう発想にはならなかった。少しずつ意思の疎通ができなくなり、認知症の進行で母が母らしくなくなったのも大きかった。ごめんなさい、本当にごめんなさい。自分の人生を優先します。

27日、正式に在宅介護を断念するので、療養型病院を探してほしい、とMSWに電話で伝えた。決めたらスッキリした。「在宅介護はできるかできないかじゃない、やりたいかやりたくないかなんです」と、退院カンファレンスで偉そうに発言していた私だったが、やりたくないとなったら早かった。

ずっと動いてくれたケアマネさんにもお詫びの電話をした。電話を切る瞬間、受話器の向こうから大きなため息が聞こえるのを聞き逃さなかった。みんな、無理だと思っていたんだな、と恥ずかしくなった。

30日、父に会いに行く。いろんなことを話したいが、混乱させるだけだ。母のことを話したかったし、自分の決断に許しを乞いたい気持ちにもなったが、父の前では笑顔でいようと思い、居室で一緒にコーヒーを飲みながらビスコを食べた。

父がいきなり聞いてくる。

「あなた、大丈夫なのか。体、気をつけろよ。自分の体を大切にするのが人間当たり前なのだから、気をつけてくれよ」

この言葉でこの1週間の辛さが全部消えていくような気がした。

ダメな娘でごめん。親孝行できなくてごめん。母を家に連れ帰れなくてごめん。何も知らない父がにこにこしながら「あほが一番楽よ、楽」と横で笑っている。

「今バカだからねー子どもに説教されたいよ」

泣きそうな気持ちでいたが、笑って泣くのをやめた。

父がかろうじて生きてくれたのは、この1カ月の私を支えるためだったのだと、のちにわかった。

辛く、長い1カ月だった。

父ちゃんに会いたい

ＧＷが明けて忙しくなった。

母の療養型病院の面談を今週中に行い、次の病院を即決しなければならない。週明けには転院を求められていたので、面談できるのは今週の1週間しかない。希望のエリアで中心静脈栄養をしている母を受け入れてくれる病院が少なくて、ＭＳＷが入れてくれた面談のアポイントは三つだけだった。

一つめのＡ病院は、看護師を始めスタッフの方の感じがとても良かった。入院患者の多くが人工栄養をしており、母だけが特別なんじゃないという、共通意識を感じられた。ただ、フロアの異臭が気になり、排泄介助はどうなっているのかが気になった。姉は「ここならいいんじゃない」と高評価だった。姉と私の家からもそれほど離れていないのも良かった。私も異臭以外は悪くないと思った。

その翌々日は、私の住まいの近くにあるＢ病院の面談に行った。比較的大きく、地域に密着していることで有名だ。姉の都合がつかず私一人で行った。ここは入院期間が定められていて、半年を過ぎると退院しなければならない。地味ながら、しっかりとリハビリに取り組むところや、キビキビとしたスタッフの動きが良かった。

C病院の面談には行かずに、B病院に決めた。敢えて言うなら、A病院は死ぬための病院で、B病院は生きるための病院という印象だった。B病院の汚物処理の部屋を見せてもらうと、汚物が真空パックされていた。どうりで匂いが気にならないわけだ。

天気のいい日は散歩をすることもあると聞き、それは素晴らしいと思った。生きて、ここを退院させたい。そして次こそ、在宅介護が実現できればと思う。これまで挫折ばかりしてきたが、最後の最後ぐらいは家で看取りたい。


5月14日は母の日だった。

私は、朝早くフラワーアレンジメントを病室に届けた。正月も母の日も家族と過ごせなかった母へのカードには「もう少し生きていてほしい」と書いて添えた。

読めないし見えないが、思いが届くといい。

F看護師らが、カーネーションと一緒に母の写真を撮ってくれた。

その2日後に母は退院した。

在院日数3カ月ギリギリだった。

担当医もMSWも焦っていたことだろう。4月末までは在宅介護をすると決めていたが、GW前にそれを断念し、GW明けに療養型病院での面談を経て、その1週間後に退院となった。入院した日は母は生きて出られないと思ったこの病院を、大勢の看護師に見送られながら出て、母の日の花束と共に、次の生活の場となる療養型病院に移動だ。

入院時（2月）38・8キロだった体重は4月の時点で36キロ。そこからの体重は聞いていないが、3月末から禁食なので、増えてはいないだろう。とはいえ、退院時の母は肌艶も良く、意外にも元気そうだった。介護タクシーの中では、「あぁ美味しいものが食べたい」とはっきりとした口調で話し、「お腹空くの？」と聞くと「空くわよ」と答えた。本当かどうかわからない。ただ明らかにベッド上だけの生活から4カ月ぶりに外の空気に触れたので、解放感があったのだろう。ひとしきり一緒に歌を歌った後は、いつもの「父ちゃんに会いたい」がこぼれた。「父ちゃん、父ちゃん」を繰り返した。

病院に着くと、すでに到着していた姉が、ストレッチャーで移動する母に懸命に話しかけた。姉は「肌艶もよくて、元気そうで安心した」と言った。私も母が思ったよりも元気で驚いた。死を覚悟した数カ月前のことを考えると、奇跡のようだ。しかも今は、人工栄養で延命しているというのに。病院に着くとあっという間に母は病室へ。ここでの半年間、どうか無事でありますように。

母が母らしく生きられるように

6月13日。母の84回目の誕生日がやってきた。母と話がしたい。ダメ元で病院に電話すると、偶然にも看護師長が出た。そして、母と数分の会話が実現し、その後、「ちょうど今後のことで」と看護師長から話があった。

母はあれだけ多かった痰が減り、今は1日に1回程度の吸引で落ち着いているという。そのため、今後は経口摂取に向けてゼリーを試せないか検討しているとのことだった。それを進める前に、家族の意向を知りたいと言う。

「これからお母さんを、どうしたいですか」

おもむろに聞かれた。

もし1日でも長く生きてほしいと望むのであれば、経口摂取は、不顕性誤嚥《ふけんせいごえん》（咳き込みやむせなどの反射がない誤嚥）のリスクになるという。

「何を優先するかでこれからやることも変わります。食べさせることで、痰が増えることは考えられるけれど、チャレンジするのも一つの方法です」

私は即答した。

「食べることに挑戦させてもらえるチャンスがあればぜひお願いします。ただ生き長らえるよりも、母が母らしく生きられるように、最後の最後、たった1週間でもいいから家で見送りたいという思いは変わりません」

「それでは来週嚥下の評価をしてみましょう」

ここで良い結果が出れば経口摂取を試せるかもしれない。光が見えた気がした。

ただ残念な報告もあった。

最近の母の様子は、認知症のせいか、大声で叫んだり、足を投げ出してベッドから降りようとしたりと、興奮状態が続いているという。

「ここがどこだかわからないようで、一人でずっと話しています」

時折精神薬も投与して落ち着かせているという。個室ではないため、同部屋の人に迷惑をかけてしまうからだという。

いつからそんなふうになってしまったのか。真っ暗闇の世界に突き落とされた気分になった。

「ただ、あれだけ話していて、舌が動くということは、食塊を送り込めるだけの舌の動きがあるかもしれない」

前向きな師長の言葉に、私も祈るような気持ちになった。

安心材料は一つ。体重が2月に救急搬送された時と同じだということだ。人工栄養になってもこれだけの体重を維持できているのは素晴らしい。

22日、母の嚥下の検査結果を聞きに病院に行く。

「VE検査（嚥下内視鏡検査）をやりましたが、何を食べてもダメ。すべてのものを誤嚥しました。ほぼすべて気管に入ってしまいました。残念ながらこの状態では嚥下訓練はできません。今後おそらくは改善も無理でしょう」

耳を疑う結果だった。ほんの僅かでも、食べられるようになれば……と思っていただけに、言葉を失ってしまった。

母の今の様子は「入院から順調で痰の量も減っています。精神的に不安定な時は薬で落ち着かせています。入院時はピック（腕から）だったが、今は脚から中心静脈栄養をしています」とのこと。

嚥下の件は残念極まりないが、体が回復しているというのが唯一の救い。

驚いたのは、おむつ交換の時に、お尻を少し浮かせられたり、ベッドの柵につかまれるようになり体位変換しやすくなったという点だ。拘縮がなくなっているのだ。

担当医に、「答えづらいと思いますが、あとどれぐらい生きられますか？」と聞くと、

「栄養の面からいけば、何年でも行ける」

と言う。これまでの医師とは見立てが違い、良い意味で驚く。

ただいくら生き長らえても精神的に問題があると、本人も周囲も苦しい。これは、なんとかならないものか。

その後、看護師長とＭＳＷと３人で、退院後の相談をした。そういえば、ついこの前まで別の病院で違うメンバーで繰り返しやっていたなぁと思い出す。ここは半年の期限付きの入院とわかって入っているから、見通しが立てやすい。退院調整に向けてやるべきことも全部わかっているので、余裕すら感じた。

余裕があると、周囲の人への配慮も生まれる。私も終始穏やかな思いで、やりとりができた。

「お母さんに会ってから帰りますか？」

「はい、ありがとうございます。嬉しいです」

１カ月ぶりに見た母は、さらに一回り小さくなっていた。

カーテンを開けると、誰に向かうでもなく、ぶつぶつとずっとしゃべっている母がいた。顔はげっそりと痩せこけ、マスクが大きく見える。

「ママ」

声をかけると、

「家に帰りたい、父ちゃんに会いたい」

とまた言った。

「明日、パパを連れてくるから。待ってて」

去りがたかったが帰ろうとすると、思い出したように、

「泊まっていけないかなぁ」と言う。

「私は無理だよ」と言うと、

「あんたのことじゃない、父ちゃんよ」といきなり毒舌で返ってきた。

翌日、父と姉と3人で母に会った。

ようやく面会が解禁されたものの、対面時間は僅か15分と設定されている。姉と私は父の車椅子の後ろに立ち、なるべく父と母が二人で話せるようにした。

車椅子の父が手を伸ばし、母の手を握る。母は、父の手だとわかると顔をくしゃくしゃにして喜んだ。二人の会話はまったくかみ合っていなかったが、それでも一生懸命父が母に話しかけていた。母の声も若干小さくなった気がする。ここまで体力と声量が落ちたのかと驚くほど、父も小さな声しか出ず、二人の会話には拡声器代わりの通訳が必要だった。父はたった15分で疲れきったのか、前のめりに姿勢が崩れていき、ベッドに顔をうずめそうなくらいだった。

布団をめくり母の脚を見ると、骨に皮がついているだけで、骨が浮き出てごつごつしていた。あのふくよかな母はどこに行ってしまったのだろう。

ただ、拘縮はなかった。


30日、今度は父と二人で病室を訪れた。

たった1週間の間に何があったのか、母はつなぎ服を着て、両手にはミトンがはめられていた。これは身体拘束の一種で、期間限定で行うものだ。拘束の理由は、放っておくと、勝手に脚につけられた栄養の管を抜いてしまうからだそうだ。

母は明らかに先週よりも弱っているように見えた。

滑舌も悪いし、反応が遅い。しかし今日も父としっかりと手を握り合っていた。

父の車椅子を押して、母の病室を後にして、玄関から外に出てタクシーを待っている間にすでに父はすっかり病院にいたことも、母と会っていたことも忘れ、「今からどこに行くんだ」と言い、「ママ?」「病院?」「ママは病院にいるのか?」となった。

ホームに戻った父は移動で疲れたようで、すぐにベッドに入った。


6月が終わる。母の誕生日があり、父の日もあった。

父も母もそれぞれの場で懸命に生きている。

子どもの幸せ

母が延命治療を始めてから、3カ月が経った。

7月の面会の日が、七夕と重なった。

いつものようにナースステーションでストップウォッチを受け取って、母のところに行く。渡された時点で、ストップウォッチは動き出している。1回15分がひと月に2回、合計30分しか話せない。それでも七夕に会えたことが嬉しかった。

1週間ぶりとなった3度目の面会。今日も母はつなぎ服を着用し、両手にミトンをはめていた。看護師にミトンを外してもらって手を握る。温かかった。ベッドを見ると「24時間身体拘束」と書かれた紙が貼ってあった。

母を抱きしめて「ごめんね」「頑張ろうね、頑張ってね」と言うと、母は、

「私、頑張るっていう言葉、好きじゃない。もう死にたい」

と冷たく言い放った。

今日は父がいないせいか、口調がきつめで、鋭い感じがした。脚についている管に触

れて、「ここから栄養が入っているんだよ」と、延命している旨を説明したが、「延命なんて、許可していない」とキレた。そのタイミングで、ピピピピピ、とアラーム音がした。会えたことは嬉しかったけれど、悲しい気持ちになった。

その日、夜になってから、父の部屋に行った。いつもはおやつの時間にあわせての訪問だが、夜はどんな過ごし方をしているのか知りたくなり、事前にホーム側に伝えた上で、初めて19時過ぎに部屋に行った。

父は食事も済ませ、テレビを観てリラックスしていた。観ていたのはクイズ番組だった。私も一緒に観た。父にわかるように、クイズの内容を説明して一緒に考えた。父と夜、クイズ番組を見ながら一緒に答えるなんて久しぶりだな、と思った。こういう日常に戻った感覚がたまらなく幸せだった。

1時間ほど滞在し、父がベッドに入ったタイミングで帰った。もう少ししたら寝巻に着替える介助が入るだろう。

ホームの1階のカフェスペースには短冊がかけられた笹の葉が飾られていた。先週末、父と私も短冊に願いごとを書いて、一緒にここに結んだ。

あの日、父が短冊に書いていた願いごとは6文字だった。

「子どもの幸せ」

父はきっと、人生最後の瞬間まで、私たちのことを思うだろう。

同じ選択を自分にもしますか

波にのまれそうになりながら、この4カ月を過ごしてきた。

母の人生を決める、延命の決断をした3月。その後の生活場所を考えた4月。転院した5月。母の誕生日と父の日があった6月。そして夏がやってきた。

母がコロナで病院に運ばれた時に死んでいたら。禁食になった日から人工栄養の延命をせずにいたらと想像する。

おそらく7月までは持たなかっただろう。私は自宅で枯れていくように死んでいく母を見ながら、涙がかれるほど泣いていたかもしれないし、何とかならないのかと、もがき苦しんでいたかもしれない。

延命の決断に至る体験を「週刊朝日」で記事にした後に、サイトに書きこまれた色々な意見を目にした。ぐさりと胸に刺さったのは「同じ選択を自分にもしますか」というものだった。

たぶん自分にはしない。私は、延命をせずに穏やかに、自然に死んでいきたい。自分が望まない延命を母に望み、母を人工的に生かしていることは、罪なのかもしれない。私はその罪を背負って残りの人生を生きていく。でもそのようにしなければ、後悔をしただろう。延命の決断については、本人の意思を尊重すべきだと言われているが、実際には、残された人の人生はその後も続く。残された側が悔いのないように生きるための決断であれば、本人の意思を尊重した上での多少の変更は許容されるべきではないかと、私は子どもの側として感じてしまうのだ。

しかし、管に繋がれて生かされている、がい骨のようになった母が青白い手を私の方に延ばして「私、頑張るっていう言葉、好きじゃない。もう死にたい」と言った。私は、「死にたい」と望む人の意思を無視して、人工的に生かしているのだ。

母は、延命さえしなければ、穏やかな死を迎えられたことだろう。

母は40代で病気になり、薬を飲み始め、40年以上病院に通い続けてきた。

小さい頃は母親が死ぬのを想像するのも怖かった。何度もピンチはやってきたし、入院もした。それでも母は死なずに頑張ってくれた。

だいぶ前になるが、かかりつけの薬局の薬剤師のTさんが、母の薬を出しながら「お母さんの薬、産婦人科以外、全科ある……」と、こぼしたこともあるほど、母は大量の薬によって生かされていた。

それも夫と子どもたちのためだ。夫がボケ、子どもたちが結婚して巣立ってもそれでもなお、子どもや夫のために生きないといけないなんて、母の人生は重すぎる。

中心静脈栄養の延命を決意する前夜、私はTさんに電話した。初めてだと思う。突然の電話に一瞬戸惑いながらも、Tさんは、

「辛いね、でも私だったら延命するかな……」

と、絞りだすように答えてくれた。

両親ともに施設暮らしになっても、外出のたびにTさんのいる薬局に立ち寄っては、元気な顔を見せた。薬のことだけでなく、検査結果の数値を見せて治療法の相談をしたこともある。家族の薬箱のような存在だった。

今回多くの医療従事者が「倫理上、延命は望ましくない」とか「慎重に考えるべき」と言う中で、家族に近い存在のTさんが「やった方がいい」と言ってくれなければ、私は最後まで悩んだ末に自分の意思に反して「看取り」を選び、母は今頃お骨になっていただろう。そうしたら、初盆を前に、私はどんな思いをしていただろう。今はこの決断

を自分自身で認める勇気を持ち続けたいと思う。

もうちょっと、一緒にいたい

23年は10年ぶりの猛暑だとニュースで耳にするたび、二人が施設暮らしで良かった、とつくづく思う。

気付かずに脱水症になり、体調不良になって手遅れになったり、腐敗の早い夏に、実家が害虫だらけになって、不衛生かつ異臭で周囲に迷惑をかけたりしていたかもしれない。いろんなことを想像すると、要介護度の高い老老介護の在宅二人暮らしの限界を感じてしまう。

施設での暮らしは、正直に言うと、不満6割、満足4割といったところだが、他人に優しく介護・看護されている二人は本当に幸せだと思う。とりあえず近くに娘が二人いて、娘にはそれぞれ優しい伴侶がいて、心配もないだろう。あとは安心してこの世に別れを告げて、命を終えるだけといったところだろう。今は私が「もうちょっと、一緒にいたい」と、浮こうとする体を地面から引っ張っているため、彼らは上がっていけない。もう少し甘えていたい。もう少し、あと、少しだけ。

少し前に、小学校の同窓会があった。

同級生の一人が、小学生の時に撮った写真の数々をデジタルアルバムにして送ってくれた。デジタル化されると、昔の写真でもなんだか今風な感じで、しかも拡大して見られる。老眼には有難い。その中に、卒業式の日の集合写真があった。生徒の後ろに写っているスーツ姿の保護者集団の中から、母を探した。

かなり後ろの方に、若かりし日の母がいた。コサージュをつけてメガネをかけたちょっと太めの母。拡大して何度も見た。母がこんなに太っていたことを忘れていた。この写真に写る母は42歳。ここから42年後。生きているが寝たきりで、管からの栄養で生かされている。

生きていくことに必死だった昔と、死んでいくことにも必死にならないといけない今。母の人生は、幸せだったのだろうか。

母の命はもうすぐ終わるだろう。

最終章　いつまで生きてくれますか

親が生きているって、幸せだよな

8月も終わる。

父も母もまだ生きている。

父の認知症はまた一段階進み、「さっき、ママが来ていたんだよ」といった幻視が出るようになった。とはいえ、その場しのぎのごく簡単な会話は成立する。面会の帰り際にはいつも「優しい伴侶がいて良かったな。大切にするんだよ。気をつけて帰れよ」と声をかけてくれる。

一方、母はこの1カ月でだいぶ認知症が進んだようだ。横向きに丸まって寝ている姿がさらにまた一回り小さくなった気がする。ずっと両手にミトンをつけられているため、外すと、指が拘縮していた。

入院して最初の1カ月は「帰りたい」を繰り返したが、最近はそれも減り、ただ目を開けて、天井を見上げているだけになった。反応も薄い。「ゆきが来たよ」と言いながら私が手をとっても「ゆき?」と答えるが、その後は、またぼんやりとする。

以前から指摘されている歯のぐらつきのせいだろう(ずっと放置している)、滑舌がひどく悪くなり、言葉が聞き取りづらい。面会時間が終わって帰ろうとしても、以前のように「気をつけて」とも言わず、私の名前すら呼ばなくなった。きっといつか私のこともわからなくなってしまうだろう。

11月に、この病院での在院日数が切れる。その時まで生きていて、退院し、最期の住処として実家に戻ることができたとしても、そこが「ずっと帰りたい」と望んでいた場であるということがわかるだろうか。

私はこの数年間ずっと母の「家に帰りたい」を実現させることだけを考えてきた。私の存在よりも、ずっと帰りたいと願い続けた、母が守り続けたあの家。それを忘れてしまう方が辛い気がする。そのような時がきたら母はきっと本当に何の主張もしない、母らしくない母になってしまいそうで、そんな姿を見るのは辛い。

「親が生きているって、幸せだよな」

父がこの前、ぽつりと言った。

父は浪人中（20代）に父親を、50歳で母親を送った。

今の私の年齢の時はすでに両親ともに他界している。父は5人きょうだいの長男なのに一番甘えん坊。繊細で優しい父を祖母が大切そうに見守っていたと思う。

逝く前は、父の顔が浮かんだことだろう。

祖母が亡くなった知らせを母から受けて、姉と父と3人で新幹線に飛び乗り、祖母に会いに行った。実家に到着し、無言の祖母と向き合う父を「一人にしてあげて」と母が言い、しばらく父は広間に敷かれた布団に眠る祖母の枕元に座っていた。

あの時、障子を少しだけ開けて覗いた。

亡骸と対面したあの日の父の後ろ姿が目に焼き付いて40年経った今も忘れられない。

そんな父が祖母の享年（76）をはるかに超え、今も歩き、自分の歯で食事をし、自分で排泄もできている。

そんな祖母と、父とのツーショット写真（父の生まれ育った実家の庭で並んで撮られた笑顔の写真）を父の居室に飾っている。父はその写真を見るたび、こう聞いてくる。

「おふくろは死んだのか」

「40年ぐらい前に亡くなったよ」

「ほんとか、おい」

ものすごいショックを受けるのでこの話はもうやめたいのだが、父はこの写真を見るたびに聞くので、私は同じセリフを毎回、胸を痛めながら言う。

わからなくなっていく日々の中で父が絶対に失わないのは、母親への思い、妻や子供たちへの思いと、「生きていることの申し訳なさ」だ。

父は会話のたびに「迷惑かけてて、ごめんな」と言う。それを聞く度に私は大げさに、〝えーどうしてー〟という顔で、「そんなことないよ」と否定する。すると父の顔は少し和らぐ。こういうやりとりをしないと、生きているということを肯定できないなんて、辛すぎる。


高齢になってできないことが増えて、日常生活に周囲の支援が必要になる。そうなった時点で、その人が無用になるかというとそんなことはない。それなのに、多くの人が「ボケた高齢者は生きている意味がない」と言うことが悲しくてたまらない。

人間は故障してからがその人の力の見せどころ。「自分らしさ」を見せていくチャンスなのだと思う。

私は正直に言えば、認知症になってからの父の方が好きだ。わからないことがあると苛立ったり、ダダをこねたりもするが、素直に感情を表現するところは、会社人間だった時の父とは別人のようで、人間らしさを感じる。弱さを見せる力が、自然についたのだと思う。昔は、「ありがとうな、娘がいるって幸せ！」なんて言うような人ではなかった。

この前、父の居室で面会をした後に、夕食の時間になったので、父を食堂まで送って私は帰った。エレベーターが閉まる瞬間に、父の方を見ると、隣に座る入居者（女性）とすでに笑顔で話をしていた。その横顔は「刑務所なんかに行きたくない」と、昔、デイサービスに行く前に言っていた頃の父とは別人のようだった。

「俺、今いくつか」

「89だよ、もうすぐ90だよ」

「今、昭和で言えば何年か？」

「昭和98年」

「おい、本当かよ」

毎回びっくりする父。

この会話をいつもいつも父としている。一言一句、返ってくる言葉が同じなので、笑ってしまう。そろそろバージョンを変えて回答しよう。

嬉しいことも、初めて聞いたように喜ぶので、毎回喜ばせることができる。「りんご食べてね」としつこく言っても、以前ならば、「どういう意味か」とか「うるさいなぁ」とか言っていたのに、最近は「はい」と言って、口に運ぶ。認知症も悪くないなあ。


介護生活も5年にもなると、手の引き方、諦め方も身につくので、昔ほど私も疲れないし、嚙みつきもしない。父にも母にも腹が立つ回数が格段に減った。

コミュニケーションがしっかりとれている時の方がいいに決まっているが、お互いの弁が立ち、傷つけあうようなやり取りが続くのは、辛い。

今は、相手がにこにこするように、こちらもにこにこして、なるべく短文で会話をする。そして通じない時は、さっさと諦める。


進学や就職の相談をし、人生そのものを私に教えてくれた父と母。

本気で怒られたこともあれば、真剣に言い合いをして、傷つけたり、傷ついたりした。

父も母も頭の回転が速く、言葉に説得力がある。それがこんなにわからなくなってしまったのかと悲しい気持ちになる時もあるが、こうやって緩やかにわからなくなり、痛みにも鈍感になり、死に向かうのは、本人にとっても穏やかな時間が過ごせるから、むしろ良い事なのだと考えるようになった。

特に母は、「ピンピンコロリ」が理想だとよく口にしていたが、今思えば、もし母が突然死していたら、私はその後の人生を歩けなかったかもしれない。母も私が心配で化けて出たかもしれない。

母に起きたすべてのことはきっと、私のためにあるとすら感じてしまう。だから今、母は終わりに向かう究極の生き方をしているのだと思う。死に向かう長く厳しいこのプロセスの中で母は父と共に多くを周囲に与え、散るようにこの世を去っていくと思う。そうして迎えた死ならば、二度と振り返らないほど、こちらの世界に未練はないだろう。

人生、長かったことに感謝しているよ

9月16日、父のところに行く。9月中旬としては異例の残暑が続いていた。16時過ぎに汗だくで父がいるフロアに上がると、食堂で涼し気な顔で入居者の女性と話している

父の姿があった。

「さ、部屋に行こ」と声をかけるもなぜか父は腰を上げない。15分ぐらい経っただろうか。やっと立ち上がった。部屋に戻ると、

「あぁ、助かったよ」

と父が言う。ずっと話しかけられていて、去りがたかったのだという。自分だけが家族に迎えられ、食堂を去り自室に戻るのが「申し訳ない気がした」のだと言う。いろんなことを忘れていっても、人への配慮とか、寂しさ、優しさなどが最後まで残っているのだ。

ソファに座り、一緒にテレビを観ながら、持ってきた極早生みかんを食べた。

「まだ緑だなぁ」

父はゆっくりと緑色のみかんの皮を剝《む》きながら口に運ぶ。結局全部食べた。

ソファの隣には日めくりカレンダーが壁に飾られている。

「今日は9月16日だね。あと10日で誕生日だね」

「誰の？」

「パパのでしょう」

「いくつになるんだ」

「90歳になるんだよ。スゴイよね。長く生きてくれてありがとう」

父は、「そうか、そうか。誰が90になるんだ」と言いながら、最後には、「あ、俺か」と言って、しみじみとした表情を見せた。そして、

「人生、長かったことに感謝しているよ」

しっかりした口調で言うので、不意打ちで少し驚いてしまった。

「誰に？」

「おふくろ」

そうか、そうだよね。

「でも『おふくろ』は、生きていないよ」

「そうか。じゃ、子どものおかげだな。90かぁ。もういつ倒れてもしょうがないなぁ。長生きしたよなぁ。子どものおかげだよなぁ」

と一人でつぶやく父。

こんな会話を毎年くりかえしながらあっという間に１００歳になっていたらいいなぁ、と思う。ずっとこういう日が続けばいいなぁ。

こんな父と、病院にいる母を見ていて思うのは、「長生きは孤独への一本道」という

ことだ。親とも別れ、親友とも別れ、人によっては子どもも先立つ。人生の仲間が減っていく中で、孤独感だけが強まっていく。施設に入れば近所の人とも別れ、施設の中でも孤立した時間を過ごすことも少なくない。

今日父が言った言葉で、胸が締め付けられた言葉がある。

「相手してくれて、ありがとう」

誰も来てくれないんだ。ゆきだけなんだ。そういって伏し目がちになった。

「とにかく、相手をしてくれる人がいなくなったからね」

そんなふうに思っていたのか。

「H子ちゃんやAさんがいるよ。H子ちゃんは先月来てくれたし、Aさんは来週来てくれるって。会いに来てくれるって」

父はそうか、そうかと言って、少し安心した表情になった。

少しでも父が穏やかな心でいられますように。

子どものことを心配して親は悩むものなんだ

父のところには週に3〜4回のペースで行くようにしている。

仕事などで忙しい時や、自分が体調を崩した時などは半月ぐらい足を運ばなかったこともある。それでも父は、「今日はゆきが来ないな」と思うことはなく、その日、その瞬間をその場所で起きる出来事に順応している。生活は回っている。

ある時「ここに来るのは初めてか?」と聞かれた。

「あらいやだ、一昨日も来たじゃない」

「そうか」

父がこういう状態だから、こちらも行けないからといって、「今日行けないや、ごめんね」といった電話をするのも控えている。逆に混乱をさせるだけだし、電話をとれなかった場合、あとで着信履歴を見て(すでに一人では電話をかけられないので)困ってしまうからだ。本当は電話で話したい。でも認知症の人にとって、携帯電話がうまく使えないストレスや不安は相当なものらしい。一方で、大切な人と繋がれる「大切なもの」でもある。「もうこれは要らないよね」と、どのタイミングで父に提案するべきかを慎重に判断しないといけないと思っている。

私の周囲には、「毎日、施設にいる父と電話で話すようにしている」と言う友人もいる。父の場合はそれができないので頻繁に行く。自転車で40分もあれば父に会いに行ける。心配な時は、すぐに行く。

翌17日、父は昨日より少し疲れていた。

居室でお茶を飲みながら、もってきたりんごを一緒に食べた後は、ベッドに寝かせた。父は冷え性なので、ドーム型の遠赤外線温熱治療器（遠赤外線で身体を芯から温める医療機器）を足元に置いている。これは在宅介護時代に私が購入したものだ。父には「こたつ」と説明している。父はいつも「足が寒い、足が寒い」と言うので、「こたつに入ろう」と言うと、すぐに横になり、私が足をマッサージすると、うとうとし始める。外は強烈に暑いのに、居室内は寒く、足元にはこたつが必要だ。調整が難しいなぁと思う。

水分を摂取した直後だったので、ベッドの頭部は高めにして寝かせた。見ると口をぱくぱくさせて、苦しそうな息遣いで寝ている。部屋の電気を消して、父の座っていたソファに座り、ぼーっとしていたら突然父が起きて、

「おい、体、大丈夫か」

と言い出した。

「いきなりどうしたの。大丈夫よ」

そう答えたが、起きてすぐに視界に入った私のことが気になったのだろう。

「親はいつも、子どものことを心配して悩むもんなんだよ」

と言った。

「変な運がこないように」

そう父が言った。

夕食の時間がやってきたので、トイレに誘導した後、ヨロヨロする父を支えて、居室から食堂に連れて行った。

右手に杖、左手に私の手を摑んで歩く父。少し前より、私の手にかける力が強くなった気がする。

「おまえは、また一層大きくなったな、背が高くなったな」

私の手に重心をかけながら必死に歩く父が言う。いや、そっちが小さくなったんだよ。どんどん小さくなっているんだよ。そう言わずにいたら、

「そっか。背、低くなったな。俺」

悲しそうに父が言った。

90年もね、過ごせたら幸せですよ

26日、父は90歳になった。

昼前にホームに迎えに行った。居室に入り、「今日は誕生日なんだよ、90歳になったんだよ」と言うと、「そうか」とぼんやりと応えた。

意外なほど、あっさりとした90歳の誕生日だった。

あらかじめ選んでおいた、父に似合う明るいシャツに着替えさせ、車椅子にのせて1階のロビーに降りると、ホーム長やケアマネさんらが一斉に父の元へ駆け寄ってきて、「お誕生日おめでとう!」「おめでとうございますー!」とかわるがわる声をかけてくれた。

父の表情が一気に明るくなり、目を細めて嬉しそうな顔になった。一瞬、泣いているのかと思った。

タクシーを呼び、なじみの中華料理店に行った。1週間ほど前に店を訪れ、オーナーにお願いをしていたおかげで店内のスロープの移動も助けてもらえた。地域密着の老舗店ということもあって、客の年齢層は高めだったが「でもこの中で一番の高齢者は父だろうな」と思った。ありがとう、ありがとうと店員に声をかける父を、店全体で迎え入れてもらえた気がした。

90年も父が生きてくれた。

隣でにこにこ座りながらお茶を飲み、私や姉の半分にも満たない量ながらも、大好きな海鮮つゆそばをすすり、麻婆豆腐もエビチリも一口、二口食べている。これで十分だ。母が食べられない分、父には1日でも長く食べられる生活を続けてほしいと思う。

90歳の人生はどんなものなのだろう。見えづらい、聞こえづらい、歩きづらい、飲み込みづらい、疲れやすい中で、心が楽しく動くのはどういう瞬間なのだろう。私もあと36年後にはわかるのだろうか。こんな状態だったのか、と。

父には最後まで食べて、笑って過ごしてほしいと思う。


その後、母の入院する病院に父を連れて行った。

「父の90歳の誕生日に母との面会を果たす」を実現させることができた。しかし、思ったよりも二人の会話が弾まず、母はぼんやりとして、向いの相手を理解できず、父は疲れからか言葉も出ず、ベッドに上半身を伏せるような状態だった。これが90歳と84歳の夫婦のリアルだ。

父が90歳になり、母が、延命治療を始めて半年も生きた。

誕生日の前後には、友人知人からの贈り物があった。

父の部下だったAさんは、誕生日の前日にやってきてくれて、居室で2時間ぐらい話をした。父はずっと笑っていた。

父のために時間と心を費やしてくれる人がいることが、すごく嬉しかった。

私もこれから先、自分が老いても、遠く離れた誰かの心をそっと温められる人間になろう。今、父の人生からそれを学んでいる。


「90年生きたけど、どう？　長かった？」

後日、Aさんが持ってきてくれたカステラを一緒に食べながら聞くと、

「いやいや、なんだかんだであっという間に過ぎちゃったね」

「おめでとう」

「90年もね、過ごせたら幸せですよ」

「もうちょっと頑張ろうね」

「こういうところにいるとね。お世話になるのが嬉しくてね。生活できるだけでも幸せじゃないか」

いつの間にか、父が施設暮らしであることを認識し、受け止めて、しかも満足している。

「ホーム暮らしでも大丈夫？」

恐る恐る聞く。

「知らない人ばかりの知らん土地でも、みんな親しくしてくれて、それなりに尊重してね、ちゃんとした人って見てくれてね。そこらへんの浮浪人かって思わないで見てもらえてね、幸せじゃないか」

有難い、有難いと目を細めて言う父。

父からこんな言葉を聞ける日がやってくるとは、介護を始めた時は想像もしなかった。

「良かった、いろいろ」

油断すると、泣いてしまいそうになる。

「この年になって、こんなに子どもにお世話してもらうことになるとは、なぁ」

「私もこんなにお世話するとは思わなかったよ」

笑って返すと、

「ははは。その通り」

と父も笑った。

10月になった。

誕生日の疲れからか、輸血のために病院に行った日の夜、微熱が出て、咳込みがあり、電話越しに聞く声がひどくかれていた。

(大丈夫だろうか)

母のこともあり、コロナもインフルエンザも恐怖だ。

幸い、父は1日で回復した。

ホームに行くと、居室のソファにくつろいで座り、テレビを観ていた。

隣に座って一緒にテレビを観た。しばらくするとおもむろにこちらを向いて、

「ここはどこか。アメリカか?」

と聞いてきた。

熱もないはず。これはいつもの冗談なのか。顔を見ると真剣だ。

「ここは日本だよ」

そう言うと、

「俺も幸せもんだよな。娘がいるんだもの。色々教えてくれるんだもん、本当はこっちが子どもに教えなくちゃいけないのに」

と言った。

少し前には「ママは生きているのか」と聞いて、「うん」と返すと、「ママって誰?」と聞いてきた。どこからどこまでわかっているのだろう。

父の右手にさっき淹れたホットりんごジュースを渡した。

父は一口飲んで、「あぁ美味しい」と言った。

棺桶には週刊朝日を入れて

「これを棺桶の中に入れてください」

実家を掃除中、母の字で書かれた長細い封筒を見つけた。

文字が書ける頃だから、だいぶ前に準備したものだろう。

偶然見つけられて、本当に良かった。

葬式はやり直しができないので、悔いが残るところだった。とはいえ今はその封筒を開ける勇気がなくて、封筒の中身を見ていない。

母の死後、母の亡骸の隣に入れる時に、見るかもしれないし、見ないままで送るかもしれない。母の死後、どうなるのか正直私はまだわからない。

母はよく「自分が死んだら、こうしてほしい」という類の話を、ごく自然にした。
①棺には花ではなく週刊朝日を入れて。花ではなく雑誌に囲まれて旅立ちたい。
②葬式には、娘たち一家だけでいい。親戚は呼ばないで。
③死んだことは周囲には言わなくていい。葬式後に聞かれた時に答えればいい。
花が大好きな母なのに、花に囲まれたいと望まずに、インクの匂いのするざら紙週刊誌に包まれて旅立ちたいというのにはびっくりした。

「そうよ、絶対雑誌。週刊朝日を入れてね。ゆきが書いた記事ね」

横で聞いていた父までも、

「それはいい。俺の時もそうしてくれ」

と重ねてきた。

祖母の時は、私が書いた本の表紙だけを入れた。火葬場で「単行本は燃えるのに時間がかかる」と言われて、ほう、そうなのかと、表紙だけを入れた。その時の学びがあるので、週刊朝日も1冊丸ごとは入れられないだろう。表紙と私が書いた記事を止めたものを、いくつかもう準備済みだ。

「この曲を葬式でかけて」と曲まで指定された。だいぶ前なので思い出せない。あまりにも暗い印象の洋楽だったので、「こんなの嫌だよ」と却下した。母は残念そうな顔をしていたが、なぜあの曲だったのか、聞いておけばよかったと思う。

85歳で亡くなった母の父は、生前に弔辞を読む人まで指定をしていた。死ぬ前に準備をするのは血筋なのだろうか。父や母の時は、弔辞は要らないだろう。ただ「ありがとう」の気持ちだけ。静かに、穏やかに送ろうと思う。

母の遺影の撮影は数年前に済ませた。まだ母が歩けた頃、ある晴れた日、駅ビルの一角、緑あふれる中庭で、一眼レフで私が撮影した。しかしその後に行ったイタリアで私は盗難にあい、そのカメラが入ったバッグごと盗まれてしまった。笑顔でとてもいい写真が撮れたと思っていたので、バックアップしていなかったことを後悔している。でもきっと、あの写真は使わないで、ということなのだろうと良いようにとらえている。

二人の戒名もすでにあるし、何十年も前に買った墓もある。

高台の端にあり、マンションで言えば最上階の角部屋。父は、「見晴らしがいいんだ」と気に入っていた。亡くなってからも、住み慣れた街を見下ろせる高台に位置する墓に眠り、懐かしい景色を見て私たちを守ってくれるだろう。

あとは穏やかに、この世界にお別れをするのみ。

それがなかなかできないのよ、させてもらえないのよ、と母が言っているような気がする。

介護をさせてくれてありがとう

こうして改めて振り返ると、「さぁ、今日から私は介護者になるぞ」と力んで介護を始めたわけでもなければ、かといって、「介護が突然やってきた」というのでもなく、普段の生活の延長線上に介護があったように思う。身近な家族が病気になれば、日頃のケアをするように、当たり前のことをやってきただけだ。それなのに折に触れ、「介護をしててすごいね、よくやっているね」と言われて、「え、そうなのかな」と戸惑うことも多い。大変だけど、普通のことだ。親が困っているんだもの。

逆に、施設やヘルパーさんに丸投げにすることの方が、私にはできない。

家族介護にはそれぞれのカタチがあり、想いもそれぞれ違って当たり前だ。私の考えを押し付けるつもりもないけれど、でも介護をやっていたからこそ、見えた景色がいっぱいある。曇りも大嵐の日もあったけど、みんなで寄り添って濡れないようにかばい合った。助けてくれる人がいっぱいいいた。

「介護は最後の子育て」とはよく言ったものだ。最後の最後に、父と母に私の心を育ててもらった気がする。強くたくましい心。これからは、その心と、父と母からかけられた言葉とともに、のんびりと生きて行こうと思う。

父と母もそろそろ逝く。最後の最後の姿を特等席で見られる介護って最高だな、と思う。介護施設もサービスもあらゆるところを利用して、介護フルコースを体験した。介護の知識もつき、介護福祉士にもなり、介護仲間も増え、介護の魅力も知ることができた。

介護をさせてくれて、ありがとう。介護で私を育ててくれて、ありがとう。

父よ、母よ、全力で生きる姿を見せてくれてありがとう。

おわりに

2022年の12月に「週刊朝日」で連載した「両親の介護 本誌記者体験記」をもとにこの原稿を書き始めました。執筆した23年は、忘れられない一年となりました。2月に母が救急搬送されて死の淵に立ち、3月には延命治療をすることを決断。5月、療養型病院に転院。その月末には、所属する週刊朝日編集部が休刊により解体。私は自分の職場（居場所）も失い、母までも失うところでした。これを書いているのは23年12月ですが、母の退院日の調整中です。もともと半年という期限つきの入院だったからです。正直、半年は持たないと思っていました。母の生命力の強さと、「願えば叶う」という、介護に大切な「思いの強さ」を感じています。

いつかまた、ここで暮らせたら……。

そう思って生きてきた母が、最後に過ごす場所が「我が家」になることを祈っています。少し前に姉から「私も協力する」という言葉が聞けました。少しずつ歩けなくなっていく父が「ママのことを、よろしく頼むよ」と、強く私に言いました。父が生きていることも、母が生きていることも、夫も姉もいることも有難くて、貴重で、幸せで、これ以上もう何も求めない、今はそう思っています。

介護を始めたばかりの頃は、知らないことばかりで、気持ちに余裕もなくて、いつも焦り、何かに苛立っていました。どこか孤独で、不安で、先のことを考えると怖くて眠れない日もありました。でもこうやって、数年かけていろんなものを見つけて、手にすることができ、それを大切にして、生きてきました。有難いことに、12月10日現在、父と母は、まだこの世界にいます。

私が介護から学んだことや、得られたこと、感じたことが少しでもお役に立てばという思いだけで書き進めてきました。父と母には、判断力がしっかりしている段階で「本にするね」と伝えてあります。週刊朝日の誌面でもこれまで二人の暮らしぶりは紹介してきました。昔から、人の力になることを生き甲斐にして生きてきた母はきっと読者のすべての方に「頑張りましょう、一緒にね」と言っていると思います。

生きることも、死んでいくことも大変な時代だからこそ、大切な誰かのために心を寄せて笑顔で過ごす。相手の気持ちを想像して、尊重する。それは介護の世界だけでなく、生きていく上で最も大切なことであると、両親の介護を通して、両親の姿から学びとることができました。

私がこの本で伝えたかったのは、介護のリアル(介護保険サービスの種類やその使い方、選び方)だけでなく、人が人を支え、人のために生き、老いていく姿から人生を学ぶことの尊さです。そしてもう一つ。「やっぱりね。家がいい」という母の言葉の通り、「我が家で暮らす」ことの豊かさです。なれ親しんだ自分の家で、いつもの暮らしの中でごく自然に迎えられた死ならばきっと、逝く側だけでなく送る側も受け入れやすいと思うのです。それが介護の理想形だと今、そう考えています。

大崎百紀(2023年12月)

本書は「週刊朝日」２０２２年12月２日号から同月23日号に
掲載された「両親の介護」をもとに書き下ろしたものです。

大崎百紀（おおさき・ゆき）
1969年東京都生まれ。立教大学文学部フランス文学科卒。元週刊朝日記者、介護福祉士。OL 生活を経てライターとなる。美容、健康やスポーツ、高齢者介護などに関する記事を数多く執筆。2019年より本格的に両親の介護に携わる。著書に、『リセットハワイ』『ハワイ式幸せの作り方』『願いの箱』などがある。

いつかまた、ここで暮《く》らせたら

2024年１月30日　第１刷発行

著　　者　大崎百紀
発 行 者　宇都宮健太朗
発 行 所　朝日新聞出版
〒104-8011　東京都中央区築地５－３－２
電話　03-5541-8832（編集）
03-5540-7793（販売）
印刷製本　中央精版印刷株式会社

ISBN978-4-02-251959-7
定価はカバーに表示してあります。

落丁・乱丁の場合は弊社業務部（電話03-5540-7800）へご連絡ください。
送料弊社負担にてお取り替えいたします。